(사)한국어문회 주관
국가공인 **한자능력검정시험**

자꾸 공부 하고픈 책

2級 2355字

모의고사문제집

어 문 출 판 사

머 리 말

漢字는 하면 할수록 재밌습니다.

뜻을 알고 익힐 경우 그 속에 禮가 있고 그 속에 自然의 理致가 담겨져 있습니다. 漢字 하나 하나를 익히는 것이 아니라, 이런 眞正한 뜻의 漢字 工夫를 많이 함으로써 思考力과 理解力, 남을 配慮하는 마음을 길러 자라나는 아이들의 世上이 보다 따뜻해지고, 다른 學問을 하는데도 土臺가 되었으면 하는 바램입니다.

基本書에 이어 問題集을 出刊하는데 있어서 많은 분들의 高見에 感謝드리며 指導하기 便利하고 自習하기 좋도록 모든부분에서 訓音과 뜻풀이를 添加하여 깊이 있는 工夫가 되도록 心血을 기울여 만들었습니다.

아무쪼록 이 冊을 通해 段階的인 漢字工夫를 하여 人性에도 도움이 되며 他 科目에도 두루 影響을 끼치는 漢字로 거듭 나기를 바라면서, 더불어 漢字級數資格證까지 取得한다면 그 동안 忍耐하면서 漢字에 努力을 기울인 것에 대한 보람과 自信感을 가지게 될 것입니다.

이 冊으로 工夫하신 모든 분들의 合格을 祈願합니다.

編著者 씀

접수방법 1 접수처방문 2 인터넷접수

1 접수처방문 · 준비물: 사진2매(3×4)/한자성명/주민등록번호
전화번호/주소/우편번호
· 고사장수용인원초과시 조기마감 될 수 있습니다.
· 전국고사장 및 시험문의: 한국어문회 1566-1400
www.hanja.re.kr

2 인터넷접수 www.hangum.re.kr

◈2003년도 인터넷 원서 접수부터는 이용자약관에 동의하여 회원가입한 분만 인터넷 원서 접수 가능.

◈인터넷회원가입준비물 : 이름, 한자이름, 전화번호, 주소 등의 인적사항과 스캔된 본인의 사진이미지

◈먼저 회원가입을 해 놓은 응시자는 인터넷접수일자에 본인의 개인정보 및 사진정보등록 없이 로그인만 하면 바로 접수 가능.

3 접수시기 · 대략 시험일의 2개월前
· (공인급수 특급~3Ⅱ) ┐ 2, 5, 8, 11월 넷째주 土시행
· (교육급수 4급 ~ 8급) ┘ (교육급수 11時, 공인급수 15時)

한자능력검정시험時 유의사항

1. 수험번호, 주민등록번호, 성명 반드시 기재
2. 검정볼펜 사용 (수정액사용)
3. 신분증 지참 (초등학생은 의료보험증 지참)
4. 답안지 칸에 벗어나지 않도록 작성
5. 답안지 낙서 금지
6. 대표훈음을 기재 (검토할 것)

우량상과 우수상의 施賞 基準

級數	總問項(合格點)	優良賞			優秀賞			備考
		初等	中等	高等	初等	中等	高等	
2級	150 (105)	-	105	112	105	112	120	

성명 [ ]

第 1 回 한자능력검정시험 2級

(시험시간 : 60분)

※다음 漢字語의 讀音을 쓰시오.

1. 索漠 (*) 2. 款識 (*)
3. 更紙 (*) 4. 絞帶 (*)
5. 減殺 (*) 6. 糖尿 ( )
7. 阿膠 ( ) 8. 胃癌 ( )
9. 惹起 ( ) 10. 家垈 ( )
11. 模型 ( ) 12. 葛藤 ( )
13. 釣魚 ( ) 14. 盜掘 ( )
15. 酷毒 ( ) 16. 桐油 ( )
17. 虐待 ( ) 18. 謄錄 ( )
19. 勳章 ( ) 20. 魔術 ( )
21. 請託 ( ) 22. 蠻勇 ( )
23. 艮岳 ( ) 24. 枚擧 ( )
25. 彊弓 ( ) 26. 紡績 ( )
27. 瓊團 ( ) 28. 魅惑 ( )
29. 賈船 ( ) 30. 蔑視 ( )
31. 儆戒 ( ) 32. 碩學 ( )
33. 畏怖 ( ) 34. 輔弼 ( )
35. 白鷺 ( ) 36. 紹介 ( )
37. 籠球 ( ) 38. 松柏 ( )
39. 鍛鍊 ( ) 40. 廣熙 ( )
41. 纖細 ( ) 42. 升鑑 ( )
43. 城濠 ( )

※위 31~43에서 유의어를 5개 골라 그 번호를 쓰시오.

44. (, , , ,)

※다음 漢字의 訓과 音을 쓰시오.

45. 頻 ( ) 46. 輯 ( )
47. 翁 ( ) 48. 蹴 ( )
49. 爵 ( ) 50. 崗 ( )
51. 罷 ( ) 52. 耆 ( )
53. 揷 ( ) 54. 蘆 ( )
55. 尉 ( ) 56. 鉢 ( )
57. 庠 ( ) 58. 鼎 ( )
59. 埃 ( ) 60. 瞻 ( )
61. 堯 ( ) 62. 馨 ( )
63. 胤 ( ) 64. 禧 ( )

※다음 反對字・反對語를 쓰시오.

65. 具體-( ) 66. ( ) - 悲
67. 乾燥-( ) 68. ( ) - 福
69. 決裂-( ) 70. ( ) - 愚
71. 公評-( ) 72. ( ) - 裏
73. 貸邊-( ) 74. ( ) - 濁

※다음 類義字・類義語를 쓰시오.

75. 覆 - ( ) 76. ( ) - 放
77. 散 - ( ) 78. ( ) - 設
79. 嚴 - ( ) 80. ( ) - 潔
81. 貢獻-( ) 82. ( )-奪胎
83. 奔走-( ) 84. ( )-間諜

※音은 같으나 뜻이 다른 漢字語를 쓰시오.

85. 火葬 : ( ) 화장품을 얼굴에 바르고 곱게 꾸밈.
86. 向路 : ( ) 향을 피우는 자그마한 화로.
87. 花郎 : ( ) 그림 등 미술품을 전시하는 시설.
88. 厚顔 : ( ) 철에 따라 사는 곳이 다른 기러기.
89. 陽地 : ( ) 살펴서 앎.

※다음 漢字의 部首를 쓰시오.

90. 尉 ( ) 91. 矛 ( ) 92. 盾 ( )
93. 秉 ( ) 94. 穀 ( )

※다음 밑줄 친 漢字語를 漢字 正字로 쓰시오.

늙은 부모님을 모시고 있는 자식(95)은 하루가 아깝다. 부모의 연세(96)는 늘 기억(97)하고 있어야 한다. 장수(98)하시면 기쁘고 앞날이 멀지 않으니 근심스럽다. 나이를 알아서 오래 남지 않은 부모의 여생(99)을 성심껏 즐겁게 해드려야 한다. 현대인은 이러한 감정(100)을 잃은지 오래이고 쓸모없는 골동품을 주무르는 감이 있으나 늙은 부모님의 여생을 즐겁게 해드리는 것을 어떤 의무(101)에서 노부모를 위하여 선심을 써 본다는 것으로 생각하면 그만일까. 효도라는 것이 최상(102)의 도덕(103)이 될 수 없음을 인정(104)하자. 또 늙은 부모를 상대(105)로 감정의 유희(106)에 골몰할 마음의 여유가 없다고 치고 그리고 모든 것을 상실(107)한 현대인이라고 치자. 그러나 나 자신이 어린 자식을 어떻게 사랑하고 있는가를 생각하면서 늙은 부모의 심경(108)을 더듬어 본다는 것은 현대인 자신의 마음의 고향(109)을 가슴속에 그려보는 좋은 기회(110)가 될지도 모른다.

젊은 靑年이 활발이 움직이는 세계는 씩씩하고 홍미(111)롭다. 그러나 늙은 노인들의 발언권(112)이 무시되는 세계는 적막할 뿐 아니라 어딘지 모르게 위태(113)로운 구멍이 발 밑에 뚫려 있는 것 같이 쓸쓸하고도 위태로운 허무(114)감이 감돈다. 젊어서 자식을 위(115)하여 희생한 부모들이 늙어서 모든 사람들의 망각(116)의 세계에서 버림을 받는다면 남는 것은 청년들이 싫어하는 神과 佛의 세계일 뿐이다. 효가 백행(117)의 본이 될 수는 없으나 인류(118)가 존속(119)하는 한 효는 백행 중 중요(120)한 행동의 하나로 남아야 할 것이다.

효에 관한 고사성어로는 망운(121)지정, 풍수(122)지탄 등이 있습니다. 이 뜻을 잘 살펴보고 늙으신 부모님을 다시 한번 더 생각해보는 자식들이 되도록 노력(123)합시다.

<논어(124) 里仁篇에서>

95. 자식 ( )	96. 연세 ( )
97. 기억 ( )	98. 장수 ( )
99. 여생 ( )	100. 감정 ( )
101. 의무 ( )	102. 최상 ( )
103. 도덕 ( )	104. 인정 ( )
105. 상대 ( )	106. 유희 ( )
107. 상실 ( )	108. 심경 ( )
109. 고향 ( )	110. 기회 ( )
111. 홍미 ( )	112. 발언권 ( )
113. 위태 ( )	114. 허무 ( )
115. 위 ( )	116. 망각 ( )
117. 백행 ( )	118. 인류 ( )
119. 존속 ( )	120. 중요 ( )
121. 망운 ( )	122. 풍수 ( )
123. 노력 ( )	124. 논어 ( )

※95~124번 안에서 長音 5개를 찾아 번호를 쓰시오.

125. ( )	126. ( )	127. ( )
128. ( )	129. ( )	

※다음 故事成語를 完成하시오.

130. ( )( )入懷	131. 隻手( )( )
132. ( )( )之歎	133. 春雉( )( )
134. ( )( )連理	135. 破釜( )( )
136. ( )( )一粟	137. 不撤( )( )
138. ( )( )映雪	139. 鵬程( )( )

※다음 뜻에 맞는 故事成語를 쓰시오.

140. 죽어서도 은혜를 잊지 않음(풀을 묶어 은혜를 갚음)
……… ( )

141. 아무리 가르치고 일러 주어도 알아듣지 못함(소 귀에 경 읽기)
……… ( )

142. 자기에게만 이롭게 생각함(내 논에만 물을 끌어 씀)
……… ( )

※다음 漢字語의 뜻을 쓰시오.

143. 辭職 : ( )
144. 事親 : ( )
145. 昊天 : ( )
146. 素養 : ( )
147. 樹立 : ( )

※다음 漢字의 略字를 쓰시오.

148. 離 ( )	麥 ( )
149. 貌 ( )	處 ( )
150. 聽 ( )	總 ( )

105점 이상 합격!
150

第 2 回 한자능력검정시험 2級

(시험시간 : 60분)

※다음 漢字語의 讀音을 쓰시오.

1. 更張 (*) 2. 答狀 (*)
3. 句讀 (*) 4. 沙糖 (*)
5. 規度 (*) 6. 憩泊 ( )
7. 預置 ( ) 8. 揭揚 ( )
9. 誤診 ( ) 10. 肩摩 ( )
11. 握手 ( ) 12. 競艇 ( )
13. 類型 ( ) 14. 雇傭 ( )
15. 角膜 ( ) 16. 共匪 ( )
17. 憾悔 ( ) 18. 官帽 ( )
19. 擧措 ( ) 20. 傀網 ( )
21. 贈呈 ( ) 22. 巡廻 ( )
23. 妨礙 ( ) 24. 祥瑞 ( )
25. 約款 ( ) 26. 紊亂 ( )
27. 遮陽 ( ) 28. 薄俸 ( )
29. 銘旌 ( ) 30. 髮膚 ( )
31. 恐怖 ( ) 32. 哀悼 ( )
33. 矛盾 ( ) 34. 店鋪 ( )
35. 茅根 ( ) 36. 舞姬 ( )
37. 昴星 ( ) 38. 鎔巖 ( )
39. 舒眉 ( ) 40. 踰越 ( )
41. 蜀漢 ( ) 42. 銀杏 ( )
43. 滋味 ( )

※위 31~43에서 유의어를 5개 골라 그 번호를 쓰시오.

44. (, , , ,)

※다음 漢字의 訓과 音을 쓰시오.

45. 疇 ( ) 46. 塵 ( )
47. 佾 ( ) 48. 箱 ( )
49. 闇 ( ) 50. 灣 ( )
51. 罔 ( ) 52. 潭 ( )
53. 釜 ( ) 54. 耕 ( )
55. 酷 ( ) 56. 菌 ( )
57. 陶 ( ) 58. 朔 ( )
59. 碧 ( ) 60. 凝 ( )
61. 簿 ( ) 62. 廟 ( )
63. 暢 ( ) 64. 夷 ( )

※다음 反對字・反對語를 쓰시오.

65. 厭世-( ) 66. ( ) - 削
67. 緊密-( ) 68. ( ) - 寡
69. 扶桑-( ) 70. ( ) - 減
71. 敷衍-( ) 72. ( ) - 退
73. 保守-( ) 74. ( ) - 晩

※다음 類義字・類義語를 쓰시오.

75. 連 - ( ) 76. ( ) - 慕
77. 衰 - ( ) 78. ( ) - 斥
79. 崩 - ( ) 80. ( ) - 屬
81. 虐待-( ) 82. ( )-性格
83. 共鳴-( ) 84. ( )-沈着

※音은 같으나 뜻이 다른 漢字語를 쓰시오.

85. 彫像 : ( ) 남의 죽음에 대하여 애도의 뜻을 표함.
86. 〃 : ( ) 할아버지 이상의 대대의 어른.
87. 〃 : ( ) 철보다 이르게 내리는 서리.
88. 上世 : ( ) 상인이 내는 세금.
89. 〃 : ( ) 자세하고 세밀함.

※다음 漢字의 部首를 쓰시오.

90. 斬 ( ) 91. 碩 ( ) 92. 硯 ( )
93. 光 ( ) 94. 舊 ( )

※다음 밑줄 친 漢字語를 漢字로 쓰시오.

95. 정상을 <u>참작</u>하다. …………………………… (　　　)
96. 달리기에서 <u>근소</u>한 차이로 1등을 했다. …………………………… (　　　)
97. 주말에는 친구들과 <u>교외</u>로 놀러간다. …………………………… (　　　)
98. 스크린쿼터로 <u>방화</u> 상영 시간이 조정되다. …………………………… (　　　)
99. 내가 함부로 한말도 <u>소음</u>이 될 수 있다. …………………………… (　　　)
100. 전쟁 <u>도발</u>을 일삼는 집단은 몰아내야죠. …………………………… (　　　)
101. 우천으로 운동회가 <u>무산</u>되었다. …………………………… (　　　)
102. 혜진이의 <u>포부</u>는 선생님이 되는 것이다. …………………………… (　　　)
103. 쓰레기는 <u>소각장</u>에서 태워야죠. …………………………… (　　　)
104. 우리 회사는 <u>판촉</u>수당이 100%이다. …………………………… (　　　)
105. 대통령이 국무회의를 <u>소집</u>했다. …………………………… (　　　)
106. 불우이웃 돕기 성금을 <u>모금</u>한다. …………………………… (　　　)
107. 비수같이 <u>예리</u>한 통찰력을 갖추었다. …………………………… (　　　)
108. 가을은 <u>수확</u>의 계절이다. …………………………… (　　　)
109. 가람이를 반장으로 <u>추천</u>했다. …………………………… (　　　)
110. 승희의 논리는 <u>보편</u> 타당하다. …………………………… (　　　)
111. 순직한 유가족의 <u>절규</u>가 애처롭다. …………………………… (　　　)
112. 무슨 문제든 원인을 <u>분석</u>할 줄 알아야 한다. …………………………… (　　　)
113. 오락실 출입이 <u>빈번</u>하면 안 됩니다. …………………………… (　　　)
114. 노인 <u>편의</u>시설을 확장해야지요. …………………………… (　　　)

※첫소리가 長音인 것을 고르시오.

115. (　　　) : ①宗班 ②鍾鉢 ③終杯 ④從伯
116. (　　　) : ①終了 ②鍾樓 ③種類 ④綜理
117. (　　　) : ①除名 ②制帽 ③題目 ④諸母
118. (　　　) : ①諸父 ②祭服 ③除服 ④提報
119. (　　　) : ①鑄貨 ②朱紅 ③主婚 ④酒豪

※다음 제시된 訓音에 맞는 漢字를 쓰시오.

120. 끌 제 - 책상 안 [　　　]
121. 그루 주 - 법 식 [　　　]
122. 더딜 지 - 막힐 체 [　　　]
123. 뾰쪽할첨 - 끝 단 [　　　]
124. 부끄러울치 - 욕될 욕 [　　　]
125. 특별할특 - 다를 수 [　　　]
126. 피할 피 - 어려울난 [　　　]
127. 기쁠 환 - 맞을 영 [　　　]
128. 누를 압 - 넘어질도 [　　　]
129. 말 물 - 논할 론 [　　　]

※다음 故事成語를 完成하시오.

130. (　)(　)皓齒　131. 取捨(　)(　)
132. (　)(　)焦思　133. 盲人(　)(　)
134. (　)(　)結義　135. 四顧(　)(　)
136. (　)(　)之蓬　137. 紅(　)(　)雪
138. (　)(　)於藍　139. 膠(　)(　)瑟

※다음 뜻에 맞는 故事成語를 쓰시오.

140. 죽음에서 일어나 다시 회생함. ……… (　　　)
141. 대나무를 쪼개는 형세. ……… (　　　)
142. 바람 앞에 등불(매우 위급한 처지를 이르는 말) ……… (　　　)

※다음 漢字語의 뜻을 쓰시오.

143. 乘除 : (　　　)
144. 素服 : (　　　)
145. 賞勳 : (　　　)
146. 事君 : (　　　)
147. 苦草 : (　　　)

※다음 略字의 訓音을 쓰시오.

148. 蚕 (　　) 弃 (　　)
149. 胆 (　　) 峹 (　　)
150. 碍 (　　) 声 (　　)

105점 이상 합격!
150

第3回 한자능력검정시험 2級

(시험시간 : 60분)

※다음 漢字語의 讀音을 쓰시오.

1. 茶禮(*)
2. 布施(*)
3. 龜裂(*)
4. 橫暴(*)
5. 見齒(*)
6. 膠着( )
7. 書札( )
8. 購讀( )
9. 石窟( )
10. 歐洲( )
11. 尼僧( )
12. 軍艦( )
13. 窒素( )
14. 宮闕( )
15. 坑谷( )
16. 閨房( )
17. 僑居( )
18. 均賠( )
19. 敎唆( )
20. 裸麥( )
21. 繁殖( )
22. 粉塵( )
23. 法網( )
24. 憂鬱( )
25. 僻村( )
26. 社稷( )
27. 香獐( )
28. 師傅( )
29. 病棟( )
30. 彬蔚( )
31. 補繕( )
32. 範疇( )
33. 寺刹( )
34. 燾育( )
35. 妖怪( )
36. 鞦韆( )
37. 熔接( )
38. 沐浴( )
39. 措置( )
40. 幽浚( )
41. 汎濫( )
42. 敞麗( )
43. 敷地( )

※위 31~43에서 유의어를 5개 골라 그 번호를 쓰시오.

44. (, , , ,)

※다음 漢字의 訓과 音을 쓰시오.

45. 粧( )
46. 杯( )
47. 齊( )
48. 脣( )
49. 秩( )
50. 遞( )
51. 觸( )
52. 隣( )
53. 忽( )
54. 款( )
55. 郭( )
56. 洛( )
57. 帽( )
58. 馥( )
59. 呈( )
60. 巢( )
61. 准( )
62. 壕( )
63. 彌( )
64. 灘( )

※다음 反對字・反對語를 쓰시오.

65. 彼 - ( )
66. ( )-極貧
67. 寒 - ( )
68. ( )-承諾
69. 厚 - ( )
70. ( )-隱蔽
71. 尊 - ( )
72. ( )-發掘
73. 雌 - ( )
74. ( )-恥辱

※다음 類義字・類義語를 쓰시오.

75. 試 - ( )
76. ( ) - 瑞
77. 謄 - ( )
78. ( ) - 送
79. 詐 - ( )
80. ( ) - 訟
81. 交涉-( )
82. ( )-他界
83. 廉價-( )
84. ( )-卒壽

※音은 같으나 뜻이 다른 漢字語를 쓰시오.

85. 秦火 : ( ) 보기 드문 물품.
86. 〃 : ( ) 일어난 불을 끔.
87. 〃 : ( ) 생물이 오랜 동안에 걸쳐 조금씩 변화함.
88. 〃 : ( ) 보배 같은 이야기.
89. 調整 : ( ) 임금이 나라의 정치를 집행하던 곳.

※다음 漢字의 部首를 쓰시오.

90. 預( )
91. 翰( )
92. 赦( )
93. 乃( )
94. 能( )

※다음 밑줄 친 漢字語를 漢字 正字로 쓰시오.

공자는 아무리 도덕으로 나라를 구하려고 애를 써도 자기의 뜻이 통하지 않고, 세태(95)는 도의(96)를 날로 무시(97)하여 도를 행할 희망(98)이 보이지 않음을 개탄(99)하고 뗏목을 타고 멀리 떠날까 했다. 그러면 자로가 따라 오겠지 했다.

자로는 공자의 제자(100) 중에서도 가장 용감(101)하고 솔직(102)한 행동파(103)였다. 그러나 깊이가 모자라고 신중한 사려(104)가 결여(105)되어 항상(106) 공자로부터 꾸지람을 들었다. 그러나 공자가 말을 이어 "자로야 너는 나보다 용기가 많으나 분별(107)이 모자란다. 뗏목을 만들 재목(108)을 어디서 구할 생각이냐?" 했다.

공자는 이상(109)과 현실(110)의 거리(111)에 환멸을 느끼고 괴로움과 고독감(112)에 시달린 것 같다. 그래서 외국으로 떠날까하고 한탄하는 일도 더러 있었다. 넓은 육지에서만 살던 중국인에게는 바다가 자유 해방(113)을 상징(114)하는 미지(115)의 세계이기도 하였을 것이고, 더구나 산동성은 황해(116)에 면한 지방이다. 가혹한 현실에 실의한 공자는 가끔 황해의 바다를 공상에 그리고 있었을 것이 아닌가. 근엄(117)했던 군자가 배를 타고 바다로 떠나겠다고 했을 때의 공자의 심경은 먼 나라로 망명(118)하여 조용히 자기 신념(119)대로 만년(120)을 살고 싶을지도 모르며, 이 때 공자의 사상은 이미 현실적인 개혁(121) 의지(122)에서 노장의 부정적(123) 허무적인 방향(124)으로 움직이고 있었을지도 모른다. <論語 公冶長篇에서>

95. 세태 (　　　)　96. 도의 (　　　)
97. 무시 (　　　)　98. 희망 (　　　)
99. 개탄 (　　　)　100. 제자 (　　　)
101. 용감 (　　　)　102. 솔직 (　　　)
103. 행동파 (　　　)　104. 사려 (　　　)
105. 결여 (　　　)　106. 항상 (　　　)
107. 분별 (　　　)　108. 재목 (　　　)
109. 이상 (　　　)　110. 현실 (　　　)
111. 거리 (　　　)　112. 고독감 (　　　)
113. 해방 (　　　)　114. 상징 (　　　)
115. 미지 (　　　)　116. 황해 (　　　)
117. 근엄 (　　　)　118. 망명 (　　　)
119. 신념 (　　　)　120. 만년 (　　　)
121. 개혁 (　　　)　122. 의지 (　　　)
123. 부정적 (　　　)　124. 방향 (　　　)

※95~115번 안에서 장음 5개를 찾아 번호를 쓰시오.

125. (　　　)　126. (　　　)　127. (　　　)
128. (　　　)　129. (　　　)

※다음 故事成語를 完成하시오.

130. 肝膽(　)(　)　131. 落(　)歸(　)
132. 老萊(　)(　)　133. 盤(　)曲(　)
134. 籠鳥(　)(　)　135. 背(　)之(　)
136. 釜中(　)(　)　137. 萬(　)滄(　)
138. 首丘(　)(　)　139. 焦(　)之(　)

※다음 뜻에 맞는 故事成語를 쓰시오.

140. 학문이 넓어 아는 것이 많음.
……… (　　　)
141. 매년마다 때가 되면 행해지는 풍속.
……… (　　　)
142. 약한 것이 강한 것에 먹힘(생존경쟁의 격렬함을 말함)
……… (　　　)

※다음 漢字語의 뜻을 쓰시오.

143. 乘法 : (　　　)
144. 探勝 : (　　　)
145. 通信 : (　　　)
146. 旻天 : (　　　)
147. 遺棄 : (　　　)

※다음 漢字의 略字를 쓰시오.

148. 夢 (　)　廟 (　)
149. 佛 (　)　擴 (　)
150. 踐 (　)　錢 (　)

105점 이상 합격! 150

第 4 回 한자능력검정시험 2級

(시험시간 : 60분)

※다음 漢字語의 讀音을 쓰시오.

1. 省略 (*)
2. 洞燭 (*)
3. 誕辰 (*)
4. 敗北 (*)
5. 拓本 (*)
6. 裸體 ( )
7. 蠶食 ( )
8. 爛漫 ( )
9. 障礙 ( )
10. 拉致 ( )
11. 裁縫 ( )
12. 籠絡 ( )
13. 琢磨 ( )
14. 潭深 ( )
15. 脫帽 ( )
16. 臺灣 ( )
17. 胎夢 ( )
18. 批准 ( )
19. 特輯 ( )
20. 赦免 ( )
21. 熙笑 ( )
22. 酸素 ( )
23. 岬寺 ( )
24. 熊膽 ( )
25. 歸巢 ( )
26. 捕繩 ( )
27. 槿域 ( )
28. 挿畫 ( )
29. 貊弓 ( )
30. 醫療 ( )
31. 遼遠 ( )
32. 船舶 ( )
33. 網羅 ( )
34. 鵬鳥 ( )
35. 諮決 ( )
36. 垛地 ( )
37. 雌蜂 ( )
38. 楸板 ( )
39. 飼育 ( )
40. 梧桐 ( )
41. 溺沒 ( )
42. 誤謬 ( )
43. 殘虐 ( )

※위 31~43에서 유의어를 5개 골라 그 번호를 쓰시오.

44. (, , , ,)

※다음 漢字의 訓과 音을 쓰시오.

45. 麥 ( )
46. 徽 ( )
47. 培 ( )
48. 庸 ( )
49. 蘇 ( )
50. 把 ( )
51. 笛 ( )
52. 螢 ( )
53. 蒸 ( )
54. 硫 ( )
55. 搜 ( )
56. 厭 ( )
57. 劑 ( )
58. 欽 ( )
59. 諜 ( )
60. 杏 ( )
61. 霸 ( )
62. 甄 ( )
63. 昆 ( )
64. 龐 ( )

※다음 反對字・反對語를 쓰시오.

65. 供給-( )
66. ( ) - 鈍
67. 權利-( )
68. ( ) - 辱
69. 概算-( )
70. ( ) - 歡
71. 末尾-( )
72. ( ) - 復
73. 白髮-( )
74. ( ) - 淺

※다음 類義字・類義語를 쓰시오.

75. 階 - ( )
76. ( ) - 翁
77. 飢 - ( )
78. ( ) - 列
79. 鍛 - ( )
80. ( ) - 察
81. 棟梁-( )
82. ( )-沿革
83. 龜鑑-( )
84. ( )-情勢

※音은 같으나 뜻이 다른 漢字語를 쓰시오.

85. 沙毛 : ( ) 스승의 부인.
86. 〃 : ( ) 속여 넘기려는 꾀.
87. 〃 : ( ) 옳지 못한 모책.
88. 〃 : ( ) 사채 발행 할 때 특정한 관계가 있는 곳에서 모집하는 일.
89. 〃 : ( ) 마음에 두고 몹시 그리워함.

※다음 漢字의 部首를 쓰시오.

90. 戴 ( )
91. 歪 ( )
92. 鬱 ( )
93. 丹 ( )
94. 量 ( )

※다음 밑줄 친 漢字語를 漢字로 쓰시오.

95. 가결된 안건의 <u>취사</u>를 위원회에 일임하다. ………………………… (　　　)
96. 미스코리아 <u>선발</u>대회. ………………………… (　　　)
97. 우리 집은 <u>중개</u>업자를 통해서 샀다. ………………………… (　　　)
98. 책들이 독창성이 없고 거의 <u>유사</u>하다. ………………………… (　　　)
99. 과잉투자로 기업이 <u>도산</u>되다. ………………………… (　　　)
100. 피해 <u>보상</u>을 받다. ………………………… (　　　)
101. 교육자로서 <u>생애</u>를 마치신 아버지. ………………………… (　　　)
102. 모교에 자꾸 공부하고픈 책을 <u>기증</u>하다. ………………………… (　　　)
103. 중국어는 한자 공부가 <u>필수</u>이다. ………………………… (　　　)
104. 후반전 <u>교체</u>선수가 한 골을 넣었다. ………………………… (　　　)
105. 눈동자가 <u>투명</u>하다. ………………………… (　　　)
106. 법과 질서는 <u>준수</u>해야지요. ………………………… (　　　)
107. 오늘 학교에 <u>지각</u>했다. ………………………… (　　　)
108. 요즘 회사는 <u>고객</u> 관리를 잘한다. ………………………… (　　　)
109. 이라크에 <u>파견</u>된 군인 아저씨. ………………………… (　　　)
110. 회사에서 상품 <u>홍보</u> 활동을 많이 한다. ………………………… (　　　)
111. 상품을 <u>염가</u> 판매하다. ………………………… (　　　)
112. IMF때는 <u>부도</u>가 많이 났다. ………………………… (　　　)
113. 정치는 <u>서민</u>들이 잘 살도록 해야죠. ………………………… (　　　)
114. 전국 <u>휘호</u>대회에서 금상을 받다. ………………………… (　　　)

※첫소리가 長音인 것을 고르시오.

115. (　　　) : ①轉託 ②全託 ③專託 ④全濁
116. (　　　) : ①全通 ②傳統 ③傳票 ④錢票
117. (　　　) : ①姿態 ②自宅 ③字板 ④慈航
118. (　　　) : ①淫縱 ②陰縱 ③飮酒 ④音質
119. (　　　) : ①分納 ②分內 ③分斷 ④分黨

※다음 제시된 訓音에 맞는 漢字를 쓰시오.

120. 증거 증 - 근거 거 [　　　]
121. 베풀 진 - 펼 술 [　　　]
122. 들을 청 - 깨달을각 [　　　]
123. 잠길 침 - 잠잠할묵 [　　　]
124. 멜 하 - 부릴 역 [　　　]
125. 어두울암 - 욀 송 [　　　]
126. 새길 명 - 마음 심 [　　　]
127. 관계할관 - 연이을련 [　　　]
128. 깨뜨릴파 - 버릴 기 [　　　]
129. 본받을효 - 실과 과 [　　　]

※다음 故事成語를 完成하시오.

130. 天佑(　)(　)　131. (　)(　)多賣
132. 名實(　)(　)　133. (　)(　)一貫
134. 外柔(　)(　)　135. (　)(　)扶弱
136. 鼓腹(　)(　)　137. (　)(　)無策
138. 韋編(　)(　)　139. (　)(　)鳳湯

※다음 뜻에 맞는 故事成語를 쓰시오.

140. 등불을 가까이하여 글 읽기에 좋은 시절(등불이 가히 친함, 가을) ……… (　　　)
141. 혼자서는 장군이 되지 않는다(교만을 경계하는 말) ……… (　　　)
142. 가난하지만 편안한 마음으로 도를 즐김. ……… (　　　)

※다음 漢字語의 뜻을 쓰시오.

143. 逸品 : (　　　)
144. 句節 : (　　　)
145. 程度 : (　　　)
146. 放縱 : (　　　)
147. 責善 : (　　　)

※다음 略字의 訓音을 쓰시오.

148. 弥(　)　寿(　)
149. 欝(　)　窃(　)
150. 壱(　)　弐(　)

105점 이상 합격! 150

2級 ▷중간점검용◁

정답 p65

①	②	③	④	⑤	⑥	⑦	⑧	⑨
葛	垈	帽	纖	妊	悽	幻	杰	麒
憾	戴	沐	貰	雌	隻	滑	桀	沂
坑	悼	紊	紹	磁	撤	廻	甄	驥
憩	桐	舶	盾	諮	諜	喉	炅	湍
揭	棟	搬	升	蠶	締	勳	儆	塘
扉	謄	紡	屍	沮	哨	熙	璟	悳
戈	藤	俳	殖	呈	焦	噫	瓊	燾
瓜	裸	賠	腎	偵	趨	姬	皐	惇
菓	洛	柏	紳	艇	軸	·	串	燉
款	爛	閥	握	劑	蹴	·	琯	頓
						인명자		
傀	藍	汎	癌	措	衷	伽	槐	乭
絞	拉	僻	礙	釣	炊	柯	邱	董
僑	輛	倂	惹	彫	琢	軻	玖	杜
膠	煉	俸	孃	綜	託	賈	鞠	鄧
鷗	籠	縫	硯	駐	胎	迦	圭	萊
歐	療	膚	厭	准	颱	珏	奎	亮
購	硫	敷	預	旨	霸	杆	揆	樑
掘	謬	弗	梧	脂	坪	艮	珪	呂
窟	摩	匪	穩	津	抛	鞨	槿	廬
圈	魔	唆	歪	診	怖	邯	瑾	驪
闕	痲	赦	妖	塵	鋪	岬	兢	礪
閨	膜	飼	熔	窒	虐	鉀	冀	漣
棋	蠻	酸	傭	輯	翰	姜	岐	濂
濃	灣	傘	鬱	遮	艦	彊	淇	玲
尿	娩	蔘	苑	餐	弦	疆	琦	醴
尼	網	揷	尉	札	峽	岡	琪	鷺
溺	魅	箱	融	刹	型	崗	璣	魯
鍛	枚	瑞	貳	斬	濠	价	箕	盧
潭	蔑	碩	刃	滄	酷	塏	耆	蘆
膽	矛	繕	壹	彰	靴	鍵	騏	遼

2級 ▷중간점검용◁ 정답 p65

⑩	⑪	⑫	⑬	⑭	⑮	⑯	⑰	⑱
劉	范	璿	倻	瑢	誾	浚	聚	昊
崙	卞	卨	襄	鎔	鷹	濬	峙	晧
楞	弁	薛	彦	鏞	伊	駿	雉	皓
麟	昞	陝	姸	佑	珥	址	灘	澔
鞅	昺	蟾	淵	祐	怡	芝	耽	壕
貊	柄	暹	衍	禹	翊	稙	兌	扈
覓	炳	燮	閻	旭	鎰	稷	台	鎬
冕	秉	晟	燁	頊	佾	秦	坡	祜
沔	甫	巢	暎	昱	滋	晋	阪	泓
俛	潽	沼	瑛	煜	庄	燦	彭	嬅
牟	輔	邵	盈	郁	獐	鑽	扁	樺
茅	馥	宋	瑩	芸	璋	璨	葡	桓
謨	蓬	洙	芮	蔚	蔣	瓚	鮑	煥
穆	阜	銖	睿	熊	甸	敞	杓	晃
昴	釜	隋	濊	媛	鄭	昶	馮	滉
汶	傅	洵	吳	瑗	晶	采	泌	檜
彌	芬	淳	墺	袁	珽	埰	弼	淮
旻	鵬	珣	沃	渭	旌	蔡	陜	后
旼	丕	舜	鈺	韋	楨	陟	亢	熏
玟	毘	荀	邕	魏	汀	釧	沆	壎
珉	毖	瑟	雍	庾	禎	喆	杏	薰
閔	彬	繩	甕	兪	鼎	澈	赫	徽
磻	泗	柴	莞	楡	趙	瞻	爀	烋
潘	庠	湜	旺	踰	曺	楚	峴	匈
鉢	舒	軾	汪	允	祚	蜀	炫	欽
渤	奭	瀋	倭	尹	琮	崔	鉉	熹
旁	晳	閼	堯	胤	疇	楸	瀅	憙
龐	錫	鴨	姚	鈗	埈	鄒	炯	嬉
裵	瑄	埃	耀	殷	峻	椿	邢	禧
筏	璇	艾	溶	垠	晙	沖	馨	羲

第5回 한자능력검정시험 2級

(시험시간 : 60분)

※다음 漢字語의 讀音을 쓰시오.

1. 絞布(*)
2. 計畫(*)
3. 雪糖(*)
4. 暴惡(*)
5. 星宿(*)
6. 輕蔑( )
7. 厭症( )
8. 檢屍( )
9. 煉乳( )
10. 併記( )
11. 硫黃( )
12. 補闕( )
13. 融資( )
14. 腹膜( )
15. 漁網( )
16. 縫製( )
17. 陽傘( )
18. 敷設( )
19. 野蠻( )
20. 妖邪( )
21. 俳優( )
22. 熔巖( )
23. 紡織( )
24. 苑池( )
25. 搬出( )
26. 悽絶( )
27. 紊緖( )
28. 諜報( )
29. 沐間( )
30. 坡岸( )
31. 匪賊( )
32. 締結( )
33. 炫耀( )
34. 艦艇( )
35. 鎬京( )
36. 壎笛( )
37. 撤收( )
38. 汪茫( )
39. 悲悼( )
40. 甕器( )
41. 睿宗( )
42. 襄禮( )
43. 靈芝( )

※위 31~43에서 유의어를 5개 골라 그 번호를 쓰시오.

44. (, , , ,)

※다음 漢字의 訓과 音을 쓰시오.

45. 壤( )
46. 遵( )
47. 廊( )
48. 粟( )
49. 懇( )
50. 屛( )
51. 稿( )
52. 那( )
53. 禽( )
54. 鬱( )
55. 妥( )
56. 蠶( )
57. 纖( )
58. 覓( )
59. 殖( )
60. 杜( )
61. 魅( )
62. 槿( )
63. 楞( )
64. 艮( )

※다음 反對字·反對語를 쓰시오.

65. 決算-( )
66. ( ) - 迎
67. 經常-( )
68. ( ) - 姪
69. 硬直-( )
70. ( ) - 沈
71. 獨創-( )
72. ( ) - 盾
73. 普遍-( )
74. ( ) - 醜

※다음 類義字·類義語를 쓰시오.

75. 濃 - ( )
76. ( ) - 援
77. 傾 - ( )
78. ( ) - 藝
79. 謹 - ( )
80. ( ) - 獻
81. 領土-( )
82. ( )-安全
83. 潤澤-( )
84. ( )-方寸

※音은 같으나 뜻이 다른 漢字語를 쓰시오.

85. 치사 : ( ) 부끄러운 일.
86. 〃 : ( ) 고맙다는 뜻.
87. 〃 : ( ) 경사가 있을 때 왕에게 올리던 송덕의 글.
88. 포수 : ( ) 투수가 던지는 공을 받는 선수.
89. 〃 : ( ) 총으로 짐승을 잡는 사냥꾼.

※다음 漢字의 部首를 쓰시오.

90. 鷗( )
91. 貳( )
92. 升( )
93. 隷( )
94. 麗( )

※다음 밑줄 친 漢字語를 漢字 正字로 쓰시오.

공자는 학문이 곧 선행이요. 선행(95)은 곧 학문이니 지식과 실천(96)을 자기(97)완성의 길이라고 생각하면 학문과 수양(98)의 정진(99)은 어려운 일이 아니라고 말한다. 어려운 일이 아니란 것은 그러면 쉬운 일이라는 뜻인가 하면 그런 것도 결코 아니다. 성인지도를 지향(100)하는 자에게는 당연히 감수해야 할 시련(101)이란 말이다. 그러나 이러한 시련을 어렵게 생각해서는 안되며 어려운 일이 아니라고 생각하며 꾸준히 노력해야 할 것이다. 그러므로 공자가 말하기를 묵묵히 견문(102)한 것을 이해(103)하여 기억하며, 학문에 진력(104)하여 배울수록 어려워지고 부담(105)이 더 무거워져도 싫어하지 않고, 사람을 가르쳐서 상대가 납득(106)하지 못하는 일이 있더라도 열의(107)를 잃어서 게으름을 피우는 일은 없다. 이 세 가지만은 나의 생활이요 삶의 보람이며 일생(108)의 사명(109)이므로, 나에겐 그다지 어렵지 않다 하였으니 이것은 공자의 학문태도(110)를 밝힌 것이라 할 수 있다.

학문은 자발적으로 탐구(111)하고 사색(112)하고 의문(113)을 갖고 연구하지 아니하면 제자신의 것이 되기 어렵다. 그러므로 제자가 의문을 품고 고민하여 답답함을 참지 못 할때에는 스스로 분발(114)하는 기틀을 잡아서 해결할 길을 열어 통하게 해 줄 것이며, 또 마음속에 사색이 쌓이고 쌓여 기회를 보아서 설명(115)할 길을 열어 주어야 할 것이다. 제자 자신의 연구와 사색이 내부에 많이 축적(116)하였을 때, 한 모퉁이를 들어 보이면 나머지 세 모퉁이도 연쇄(117) 작용(118)으로 반응(119)하여 스스로 이해와 반증을 나타낸다. 그렇지 못할 경우(120)에는 아직 미숙(121)한 탓이지 다시 되풀이하지 말고 상대의 성숙을 기다려야 한다. 참된 교육은 지식을 주입(122)하는 것이 아니고 자발적인 의욕을 유도(123)하여 학문에의 길을 계몽(124)하여 주는 것이기 때문이다.

<論語 述而篇에서>

95. 선행 (　　)　96. 실천 (　　)
97. 자기 (　　)　98. 수양 (　　)
99. 정진 (　　)　100. 지향 (　　)
101. 시련 (　　)　102. 견문 (　　)
103. 이해 (　　)　104. 진력 (　　)
105. 부담 (　　)　106. 납득 (　　)
107. 열의 (　　)　108. 일생 (　　)
109. 사명 (　　)　110. 태도 (　　)
111. 탐구 (　　)　112. 사색 (　　)
113. 의문 (　　)　114. 분발 (　　)
115. 설명 (　　)　116. 축적 (　　)
117. 연쇄 (　　)　118. 작용 (　　)
119. 반응 (　　)　120. 경우 (　　)
121. 미숙 (　　)　122. 주입 (　　)
123. 유도 (　　)　124. 계몽 (　　)

※95~105번 안에서 長音 5개를 찾아 번호를 쓰시오.

125. (　　)　126. (　　)　127. (　　)
128. (　　)　129. (　　)

※한글을 漢字로 써 넣어 故事成語를 完成하시오.

130. 瓜田(　)(　)　131. (　)(　)柏悅
132. 殷鑑(　)(　)　133. (　)(　))沃畓
134. 塵合(　)(　)　135. (　)(　)民卑
136. 巢毁(　)(　)　137. (　)(　)之爭
138. 流芳(　)(　)　139. (　)(　)孤節

※다음 뜻에 맞는 故事成語를 쓰시오.

140. 매우 짧은 시간도 천금과 같이 귀중함을 이르는 말.
……… (　　)

141. 몸을 수양하고 세상에 이름을 날림.
……… (　　)

142. 낮엔 밭 갈고 밤엔 공부를 함(어려운 환경에서 노력함)
……… (　　)

※다음 漢字語의 뜻을 쓰시오.

143. 改革 : (　　)
144. 橫財 : (　　)
145. 乾燥 : (　　)
146. 顯考 : (　　)
147. 故人 : (　　)

※다음 漢字의 略字를 쓰시오.

148. 嘗(　) 桑(　)
149. 釋(　) 擇(　)
150. 卒(　) 醉(　)

105점 이상 합격! 150

성명 [ ]

第6回 한자능력검정시험 2級

(시험시간 : 60분)

※다음 漢字語의 讀音을 쓰시오.

1. 標識 (*)
2. 惱殺 (*)
3. 降兵 (*)
4. 統率 (*)
5. 拾萬 (*)
6. 炊事 ( )
7. 雨傘 ( )
8. 庠序 ( )
9. 硯池 ( )
10. 燮和 ( )
11. 棋院 ( )
12. 廻避 ( )
13. 葛粉 ( )
14. 噫嗚 ( )
15. 矛戈 ( )
16. 獻呈 ( )
17. 茶菓 ( )
18. 解雇 ( )
19. 膽力 ( )
20. 抛棄 ( )
21. 戴冠 ( )
22. 鍵盤 ( )
23. 祕苑 ( )
24. 皐復 ( )
25. 赦罪 ( )
26. 貫鉀 ( )
27. 箱籠 ( )
28. 磻溪 ( )
29. 瑞雪 ( )
30. 對峙 ( )
31. 濃淡 ( )
32. 車軸 ( )
33. 磁氣 ( )
34. 彼此 ( )
35. 輯錄 ( )
36. 炎涼 ( )
37. 雌雄 ( )
38. 爛熟 ( )
39. 銳鈍 ( )
40. 翊贊 ( )
41. 巢窟 ( )
42. 鼎爐 ( )
43. 柴炭 ( )

※위 31~43에서 반대어를 5개 골라 그 번호를 쓰시오.

44. (, , , ,)

※다음 漢字의 訓과 音을 쓰시오.

45. 閤 ( )
46. 碩 ( )
47. 邕 ( )
48. 彰 ( )
49. 庄 ( )
50. 哨 ( )
51. 穡 ( )
52. 型 ( )
53. 耽 ( )
54. 苗 ( )
55. 謄 ( )
56. 逝 ( )
57. 傲 ( )
58. 諸 ( )
59. 蝶 ( )
60. 策 ( )
61. 聰 ( )
62. 恥 ( )
63. 翼 ( )
64. 懷 ( )

※다음 反對字 · 反對語를 쓰시오.

65. 疏 - ( )
66. ( )-稚拙
67. 盛 - ( )
68. ( )-受理
69. 順 - ( )
70. ( )-重厚
71. 愛 - ( )
72. ( )-着席
73. 盈 - ( )
74. ( )-確然

※다음 類義字 · 類義語를 쓰시오.

75. 牽 - ( )
76. ( ) - 隔
77. 歸 - ( )
78. ( ) - 奬
79. 龜 - ( )
80. ( ) - 勵
81. 茅屋-( )
82. ( )-專有
83. 視野-( )
84. ( )-任務

※音은 같으나 뜻이 다른 漢字語를 쓰시오.

85. 全州 : ( ) 지난 주.
86. 〃 : ( ) 전봇대.
87. 張數 : ( ) 오래 삶.
88. 〃 : ( ) 군사를 지휘 통솔하는 장군.
89. 〃 : ( ) 물건을 잘 간직하여 지킴.

※다음 漢字의 部首를 쓰시오.

90. 隻 ( )
91. 尼 ( )
92. 率 ( )
93. 島 ( )
94. 夢 ( )

※다음 밑줄 친 漢字語를 漢字로 쓰시오.

95. 서점에는 신간 서적들이 많이 나와있다.
…………………………… (　　　　)

96. 입사 시에는 이력서를 제출한다.
…………………………… (　　　　)

97. 태극전사들의 막강한 실력.
…………………………… (　　　　)

98. 학교 선배에 대한 예우가 깍듯하다.
…………………………… (　　　　)

99. 문제를 접하면 개념을 파악한 후 풀어야한다.
…………………………… (　　　　)

100. 예산을 낭비하면 안 되지요.
…………………………… (　　　　)

101. 옛날에는 사이비 종교가 많았지요.
…………………………… (　　　　)

102. 공장에 자재를 공급하다.
…………………………… (　　　　)

103. 우리 엄마는 요리솜씨가 일품이시다.
…………………………… (　　　　)

104. 우리 선생님은 고상한 인품의 소유자이시다.
…………………………… (　　　　)

105. 문제 해결에 단서를 잡다.
…………………………… (　　　　)

106. 신문에 연재소설이 실려 있다.
…………………………… (　　　　)

107. 비닐하우스에서 꽃을 재배하다.
…………………………… (　　　　)

108. 극장에는 조명장치가 잘되어있다.
…………………………… (　　　　)

109. 개업을 축하하다.
…………………………… (　　　　)

110. 나라 간에 무역의 불균형을 해소하다.
…………………………… (　　　　)

111. 전국 낚시대회 우승 현상금이 있다.
…………………………… (　　　　)

112. 누구나 살아가는 철학이 있게 마련이다.
…………………………… (　　　　)

113. 아버지는 기업체 사장이다.
…………………………… (　　　　)

114. 기념식에서 애국가를 제창하다.
…………………………… (　　　　)

※첫소리가 長音인 것을 고르시오.

115. (　　　) : ①露石 ②露宿 ③露積 ④露骨
116. (　　　) : ①燒紙 ②燒失 ③燒盡 ④燒却
117. (　　　) : ①壽宴 ②水鉛 ③囚役 ④數億
118. (　　　) : ①乘馬 ②勝利 ③乘騰 ④僧堂
119. (　　　) : ①施賞 ②詩想 ③時序 ④詩書

※다음 제시된 訓音에 맞는 漢字를 쓰시오.

120. 끌 제 - 이끌 휴 [　　　　]
121. 조상할조 - 뜻 의 [　　　　]
122. 잡을 집 - 권세 권 [　　　　]
123. 관청 청 - 집 사 [　　　　]
124. 온당할타 - 마땅 당 [　　　　]
125. 뿌릴 파 - 씨 종 [　　　　]
126. 머금을함 - 모을 축 [　　　　]
127. 헐 훼 - 덜 손 [　　　　]
128. 돌 순 - 살필 찰 [　　　　]
129. 사나울맹 - 짐승 수 [　　　　]

※한글을 漢字로 써 넣어 故事成語를 完成하시오.

130. (유　)(능　)制剛
131. 纖纖(옥　)(수　)
132. (한　)(우　)充棟
133. 拍掌(대　)(소　)
134. (천　)(방　)地軸
135. 陰德(양　)(보　)
136. (신　)(출　)鬼沒
137. 三人(성　)(호　)
138. (절　)(장　)補短
139. 鄒魯(지　)(향　)

※다음 뜻에 맞는 故事成語를 쓰시오.

140. 하는 일 없이 헛되이 먹고 놀기만 함.
……… (　　　　)

141. 글자를 아는 것이 도리어 근심이 된다는 말(아는 것이 병)
……… (　　　　)

142. 시작은 힘차게 하고 끝은 보잘 것이 없음(용머리에 뱀 꼬리)
……… (　　　　)

※다음 漢字語의 뜻을 쓰시오.

143. 修道 : (　　　　)
144. 堂姪 : (　　　　)
145. 交換 : (　　　　)
146. 課稅 : (　　　　)
147. 空腹 : (　　　　)

※다음 漢字의 正字는 略字로, 略字는 正字로 쓰시오.

148. 盖 (　　) 杰 (　　)
149. 欠 (　　) 逓 (　　)
150. 續 (　　) 讀 (　　)

105점 이상 합격! 150

第7回 한자능력검정시험 2級

(시험시간 : 60분)

※다음 漢字語의 讀音을 쓰시오.

1. 降書(*)
2. 洞察(*)
3. 鐵索(*)
4. 便易(*)
5. 說客(*)
6. 鼓膜( )
7. 濃雲( )
8. 窟居( )
9. 認准( )
10. 歸趨( )
11. 露呈( )
12. 肝膽( )
13. 痲藥( )
14. 傀奇( )
15. 謄寫( )
16. 金融( )
17. 藤菊( )
18. 汎稱( )
19. 密偵( )
20. 武勳( )
21. 蹴球( )
22. 鹿苑( )
23. 步哨( )
24. 幻影( )
25. 硫酸( )
26. 焦燥( )
27. 穩當( )
28. 璿譜( )
29. 車輛( )
30. 堤塘( )
31. 硬軟( )
32. 添削( )
33. 刹那( )
34. 釣遊( )
35. 扈衛( )
36. 芸香( )
37. 旁側( )
38. 允許( )
39. 貸借( )
40. 進陟( )
41. 浮沈( )
42. 欽敬( )
43. 縱橫( )

※위 31~43에서 반대어를 5개 골라 그 번호를 쓰시오.

44. (, , , ,)

※다음 漢字의 訓과 音을 쓰시오.

45. 憶( )
46. 嘗( )
47. 襲( )
48. 擁( )
49. 腦( )
50. 恣( )
51. 誇( )
52. 尖( )
53. 距( )
54. 膚( )
55. 鹿( )
56. 握( )
57. 敷( )
58. 鴨( )
59. 釣( )
60. 秉( )
61. 津( )
62. 阜( )
63. 蟾( )
64. 礪( )

※다음 反對字·反對語를 쓰시오.

65. 相違-( )
66. ( ) - 劣
67. 死藏-( )
68. ( ) - 怨
69. 歲暮-( )
70. ( ) - 非
71. 紳士-( )
72. ( ) - 給
73. 傍系-( )
74. ( ) - 怠

※다음 類義字·類義語를 쓰시오.

75. 珍 - ( )
76. ( ) - 聘
77. 特 - ( )
78. ( ) - 稅
79. 溺 - ( )
80. ( ) - 聲
81. 追跡-( )
82. ( )-短點
83. 支配-( )
84. ( )-奈落

※音은 같으나 뜻이 다른 漢字語를 쓰시오.

85. 節度 : ( ) 뭍에서 멀리 떨어진 외딴섬.
86. 〃 : ( ) 남의 재물을 몰래 훔침.
87. 再拜 : ( ) 식물을 심어서 가꿈.
88. 遺命 : ( ) 그윽하고 어두움(저승).
89. 〃 : ( ) 이름이 널리 알려져 있음.

※다음 漢字의 部首를 쓰시오.

90. 雇( )
91. 牟( )
92. 弁( )
93. 臺( )
94. 叛( )

※다음 밑줄 친 漢字語를 漢字 正字로 쓰시오.

禮는 과유(95)불급이 없는 중화(96)로서 극단(97)을 억제 조절(98)하는 귀중한 행위의 준칙(99)이다. 공자가 특히 예에 대하여 관심(100)을 갖고 필요성을 강조한 것은, 사회적(101)인 질서(102)나 형식미(103)를 중요시한 것이 아니고, 중용의 덕을 인간의 최고 최선(104)의 도덕이라고 믿고 있었던 공자에게, 극단을 조절하여 중도를 유지(105)케 하고 인간성의 조화로운 균형(106)으로 내용(107)과 형식이 중화의 미를 형성케 하는 계기(108)가 된다고 생각하였기 때문이다. 무엇보다도 공자 자신이 열렬(109)한 성격(110)의 소유자이었으므로 제 자신에게 예가 먼저 필요했다. 즉 자기의 열정을 조절하는 형식이 필요했던 것이다. 인생에 대하여 강한 주장(111)을 갖고 출발할 때나, 열정과 주관을 앞세워서 사회에 등장할 때는, 형식에 대하여 무관심하게 되기 쉽다.

그러나 출발 단계(112)를 지나 열정과 관념(113)이 원숙(114)을 이루어 뚜렷한 형태를 요구(115)하는 시기와 경우에 도달(116)하면, 형식의 필요성을 느끼게 되는 것이 인생의 제반(117)생활과 사물(118)에 있어서의 하나의 회피(119)할 수 없는 법칙이다. 존재(120)한다는 것은 형식을 구비한다는 뜻이요. 사회가 성립된다는 것은 예가 구비되었다는 뜻이기도 하다. 위정자들이 친족(121)에 은애를 베풀며 알고 지내던 지인 지우(122)들을 잊지 않고 후대(123)하면 백성들도 자연히 이를 본받아 인자(124)한 마음을 일으켜서 가족을 돌보고 이웃끼리도 박대하지 않고 두터운 인정을 베풀게 된다.

<論語 泰伯篇에서>

95. 과유 (　　) 96. 중화 (　　)
97. 극단 (　　) 98. 조절 (　　)
99. 준칙 (　　) 100. 관심 (　　)
101. 사회적 (　　) 102. 질서 (　　)
103. 형식미 (　　) 104. 최선 (　　)
105. 유지 (　　) 106. 균형 (　　)
107. 내용 (　　) 108. 계기 (　　)
109. 열렬 (　　) 110. 성격 (　　)
111. 주장 (　　) 112. 계단 (　　)
113. 관념 (　　) 114. 원숙 (　　)
115. 요구 (　　) 116. 도달 (　　)
117. 제반 (　　) 118. 사물 (　　)
119. 회피 (　　) 120. 존재 (　　)
121. 친족 (　　) 122. 지우 (　　)
123. 후대 (　　) 124. 인자 (　　)

※105~124번 안에서 長音 5개를 찾아 번호를 쓰시오.

125. (　　) 126. (　　) 127. (　　)
128. (　　) 129. (　　)

※한글을 漢字로 써 넣어 故事成語를 完成하시오.

130. (발　)(분　)忘食 131. (오　)烏(사　)情
132. (여　)(리　)薄氷 133. (간　)於(제　)楚
134. (양　)(호　)遺患 135. (남　)負(여　)戴
136. (어　)(망　)鴻離 137. (당　)同(벌　)異
138. (영　)(고　)一炊 139. (동　)足(방　)尿

※다음 뜻에 맞는 故事成語를 쓰시오.

140. 개와 말 같은 하찮은 힘(자기의 노력을 겸손하게 이르는 말)
……… (　　)

141. 큰 인물이 될 사람은 오랜 기간 꾸준한 노력으로 이루어짐.
……… (　　)

142. 맑은 거울과 고요한 물(고요한 심정)
……… (　　)

※다음 漢字語의 뜻을 쓰시오.

143. 圖謀 : (　　)
144. 都合 : (　　)
145. 衝突 : (　　)
146. 道理 : (　　)
147. 望月 : (　　)

※다음 漢字의 略字를 쓰시오.

148. 攝 (　　) 燈 (　　)
149. 世 (　　) 燒 (　　)
150. 虛 (　　) 戲 (　　)

105점 이상 합격! / 150

성명 [ ]

第8回 한자능력검정시험 2級

(시험시간 : 60분)

※다음 漢字語의 讀音을 쓰시오.

1.	茶器(*)	2.	降意(*)
3.	眞率(*)	4.	交易(*)
5.	否運(*)	6.	圓盾( )
7.	門閥( )	8.	遺憾( )
9.	增殖( )	10.	腎臟( )
11.	揭載( )	12.	歪曲( )
13.	絞殺( )	14.	遮斷( )
15.	膠漆( )	16.	製靴( )
17.	拘礙( )	18.	蠶絲( )
19.	窮僻( )	20.	趨勢( )
21.	棟梁( )	22.	滄波( )
23.	藤架( )	24.	准尉( )
25.	魔鬼( )	26.	斬新( )
27.	娩痛( )	28.	徽章( )
29.	浮彫( )	30.	堯舜( )
31.	綿紡( )	32.	祜休( )
33.	賠款( )	34.	璨幽( )
35.	纖維( )	36.	濊貊( )
37.	飼料( )	38.	邕穆( )
39.	商圈( )	40.	醴酒( )
41.	修繕( )	42.	覓得( )
43.	熔解( )	44.	耆老( )

※다음 漢字의 訓과 音을 쓰시오.

45.	翊( )	46.	傘( )
47.	垛( )	48.	闕( )
49.	浚( )	50.	購( )
51.	峙( )	52.	菓( )
53.	扁( )	54.	曉( )
55.	俸( )	56.	幣( )
57.	墻( )	58.	飜( )
59.	畏( )	60.	透( )
61.	雁( )	62.	被( )
63.	敍( )	64.	荒( )

※다음 反對字・反對語를 쓰시오.

65.	貴 - ( )	66.	( )-稱讚
67.	慶 - ( )	68.	( )-輪作
69.	硬 - ( )	70.	( )-紅塵
71.	乾 - ( )	72.	( )-露出
73.	縱 - ( )	74.	( )-補短

※다음 類義字・類義語를 쓰시오.

75.	極 - ( )	76.	( ) - 段
77.	溫 - ( )	78.	( ) - 愁
79.	逝 - ( )	80.	( ) - 細
81.	感染-( )	82.	( )-基礎
83.	明哲-( )	84.	( )-虛頭

※音은 같으나 뜻이 다른 漢字語를 쓰시오.

85. 過時 : ( ) 벼슬아치를 뽑기 위하여 보이던 시험.
86. 〃 : ( ) 자랑하여 보임.
87. 棋界 : ( ) 교묘한 꾀.
88. 〃 : ( ) 동력으로 일을 하게 만든 장치.
89. 〃 : ( ) 도구와 기물.

※다음 漢字의 部首를 쓰시오.

90.	闇( )	91.	龐( )	92.	庠( )
93.	默( )	94.	髮( )		

※다음 밑줄 친 漢字語를 漢字로 쓰시오.

95. 삼성은 전자산업의 <u>선구자</u>이다. ………………………… (　　)
96. 대학을 <u>상아탑</u>이라고 부르지요. ………………………… (　　)
97. 새해에는 연하장에 <u>근하</u>신년이라 적혀 있지요. ………………………… (　　)
98. 몇 명의 <u>독지가</u>들이 양로원을 후원하고 있다. ………………………… (　　)
99. 영국령인 홍콩이 중국에 <u>반환</u>되었다. ………………………… (　　)
100. 남북 정상회담이 조건부로 <u>타협</u>되다. ………………………… (　　)
101. 효정이의 영어회화 실력이 <u>유창</u>하다. ………………………… (　　)
102. 여행 시에는 <u>기타</u> 준비물도 챙겨야죠. ………………………… (　　)
103. 외상값을 <u>지불</u>하다. ………………………… (　　)
104. 지난 겨울 폭설로 집이 <u>붕괴</u>되다. ………………………… (　　)
105. 모두다 찬성인데 <u>유독</u> 너만 반대냐. ………………………… (　　)
106. 부당함을 법원에 <u>소송</u> 하다. ………………………… (　　)
107. 국가에서는 <u>첨단</u>과학 분야를 육성한다. ………………………… (　　)
108. 노동자들이 <u>파업</u>을 철회했다. ………………………… (　　)
109. 참석자들이 <u>방명록</u>에 이름을 기록했다. ………………………… (　　)
110. 졸업 <u>기념</u>으로 사진을 찍었다. ………………………… (　　)
111. 국립묘지에 안치된 <u>순국</u>선열들의 유해. ………………………… (　　)
112. 가장 기본이 되는 법은 <u>헌법</u>이다. ………………………… (　　)
113. 연초에 자서전을 <u>편저</u>하다. ………………………… (　　)
114. 빈부의 <u>격차</u>가 심하다. ………………………… (　　)

※첫소리가 長音인 것을 고르시오.

115. (　　) : ①素懷 ②素數 ③素材 ④素質
116. (　　) : ①騷人 ②消印 ③小人 ④訴因
117. (　　) : ①來書 ②男湯 ③內書 ④南風
118. (　　) : ①苦味 ②古文 ③顧問 ④高門
119. (　　) : ①歐洲 ②九州 ③構造 ④救助

※다음 제시된 訓音에 맞는 漢字를 쓰시오.

120. 줄 증 - 더불 여 [　　]
121. 짤 조 - 짤 직 [　　]
122. 더딜 지 - 늘일 연 [　　]
123. 캘 채 - 가릴 택 [　　]
124. 몸 체 - 절제할제 [　　]
125. 칠 타 - 쇠북 종 [　　]
126. 닫을 폐 - 쇠사슬쇄 [　　]
127. 아낄 석 - 다를 별 [　　]
128. 줄기 맥 - 이을 락 [　　]
129. 이웃 린 - 가까울근 [　　]

※(　)안에 漢字로 써 넣어 故事成語를 完成하시오.

130. (　　)籠中物　131. 殃及(　　)魚
132. (　　)棋不定　133. 美辭(　　)句
134. (　　)岐亡羊　135. 群雄(　　)據
136. (　　)火下澤　137. 巧言(　　)色
138. (　　)必歸正　139. 錦衣(　　)行

※다음 뜻에 맞는 故事成語를 쓰시오.

140. 우물에 앉아 하늘을 봄(견문과 소견이 좁은 것을 비유) ……… (　　)
141. 자식에게는 어진 어머니이고, 남편에게는 착한 아내. ……… (　　)
142. 여자의 용모와 재주가 빼어나면 운명이 기구함을 뜻함. ……… (　　)

※다음 漢字語의 뜻을 쓰시오.

143. 求仕 : (　　)
144. 患部 : (　　)
145. 報答 : (　　)
146. 配給 : (　　)
147. 朔望 : (　　)

※다음 漢字의 正字는 略字로, 略字는 正字로 쓰시오.

148. 舘 (　　) 悩 (　　)
149. 龜 (　　) 龍 (　　)
150. 檢 (　　) 驗 (　　)

105점 이상 합격!
150

성명 [ ]

3級 ▷중간점검용◁

정답 p66

①	②	③	④	⑤	⑥	⑦
물리칠각	바퀴자국궤	넘칠 람	모 묘	부를 빙	누구 수	볼 열
간음할간	거북 귀	노략질략	사당 묘	뱀 사	비록 수	헤엄칠영
목마를갈	얽힐 규	살펴알량	천간 무	닭을 사	누구 숙	읊을 영
다 개	부르짖을규	불쌍히여길련	안개 무	버릴 사	따라죽을순	날카로울예
슬퍼할개	근 근	못할 렬	눈썹 미	속일 사	입술 순	더러울오
빌 걸	겨우 근	청렴할렴	미혹할미	이 사	돌 순	나 오
이끌 견	삼갈 근	사냥 렵	민첩할민	줄 사	개 술	즐길 오
어깨 견	즐길 긍	떨어질령	민망할민	초하루삭	화살 시	슬플 오
보낼 견	꺼릴 기	종 례	꿀 밀	상서 상	매울 신	거만할오
비단 견	어찌 기	사슴 록	머무를박	맛볼 상	펼 신	낄 옹

별 경	주릴 기	동료 료	짝 반	갈 서	새벽 신	늙은이옹
마침내경	이미 기	마칠 료	돌이킬반	맹세할서	찾을 심	누울 와
벼슬 경	버릴 기	눈물 루	배반할반	여러 서	주릴 아	가로 왈
맬 계	몇 기	여러 루	나라 방	펼 서	큰산 악	두려워할외
북방 계	속일 기	배 리	본뜰 방	더울 서	기러기안	흔들 요
마를 고	어찌 나	이웃 린	곁 방	예 석	뵐 알	멀 요
돌아볼고	이에 내	거만할만	잔 배	쪼갤 석	누를 압	허리 요
땅 곤	어찌 내	흩어질만	번거로울번	다스릴섭	재앙 앙	떳떳할용
둘레 곽	번뇌할뇌	바쁠 망	번역할번	건널 섭	물가 애	또 우
걸 괘	논 답	잊을 망	분별할변	부를 소	액 액	어조사우

흙덩이괴	칠할 도	없을 망	병풍 병	밝을 소	이끼 야	더욱 우
부끄러울괴	돋울 도	아득할망	나란히병	나물 소	어조사야	이를 운
들 교	뛸 도	묻을 매	점 복	떠들 소	뛸 약	어긋날위
바로잡을교	벼 도	어두울명	벌 봉	조 속	버들 양	씨 위
구차할구	도타울독	무릅쓸모	갈 부	욀 송	어조사어	닭 유
개 구	돼지 돈	업신여길모	무덤 분	찾을 수	어찌 언	오직 유
함께 구	도타울돈	아무 모	벗 붕	가둘 수	나 여	생각할유
두려울구	진칠 둔	모을 모	무너질붕	모름지기수	너 여	나을 유
몰 구	둔할 둔	저물 모	손 빈	드디어수	나 여	윤달 윤
그 궐	오를 등	토끼 묘	자주 빈	졸음 수	수레 여	읊을 음

3級 ▷중간점검용◁

⑧

울 읍
엉길 응
어조사의
마땅 의
오랑캐이
말이을이
혼인 인
범 인
이 자
방자할자

술부을작
벼슬 작
담 장
재상 재
어조사재
물방울적
훔칠 절
나비 접
바로잡을정
둑 제

마를 조
조상할조
졸할 졸
도울 좌
배 주
준걸 준
좇을 준
줄 증
다만 지
더딜 지

⑨

조카 질
징계할징
또 차
잡을 착
참혹할참
부끄러울참
화창할창
물리칠척
천거할천
뾰족할첨

더할 첨
첩 첩
갤 청
잡을 체
갈릴 체
바꿀 체
분초 초
뽑을 초
촛불 촉
귀밝을총

뽑을 추
추할 추
소 축
쫓을 축
냄새 취
베개 침
온당할타
떨어질타
맡길 탁
흐릴 탁

⑩

씻을 탁
낳을 탄
탐낼 탐
게으를태
잡을 파
자못 파
마칠 파
뿌릴 파
팔 판
조개 패

두루 편
덮을 폐
화폐 폐
안을 포
배부를포
폭 폭
떠다닐표
짝 필
가물 한
다 함

거리 항
돼지 해
어찌 해
갖출 해
누릴 향
집 헌
줄 현
고을 현
싫어할혐
형통할형

⑪

반딧불형
어조사혜
서로 호
어조사호
터럭 호
어두울혼
클 홍
기러기홍
벼 화
넓힐 확

거둘 확
둥글 환
새벽 효
제후 후
헐 훼
빛날 휘
이끌 휴

3급 317字

3級Ⅱ

①

아름다울가
시렁 가
집 각
다리 각
간 간
간절할간
새길 간
줄기 간
거울 감
굳셀 강

벼리 강
강철 강
낄 개
대개 개
덮을 개
상거할거
하늘 건
칼 검
사이뜰격
이별할결

겸손할겸
겸할 겸
이랑 경
밭갈 경
지름길경
굳을 경
기계 계
맺을 계
열 계
시내 계

②

계수나무계
북 고
시어미고
원고 고
울 곡
골 곡
공손할공
두려울공
바칠 공
이바지할공

자랑할과
적을 과
갓 관
꿸 관
너그러울관
익숙할관
집 관
미칠 광
괴이할괴
무너질괴

비교 교
공교할교
잡을 구
오랠 구
언덕 구
국화 국
활 궁
주먹 권
귀신 귀
버섯 균

③

이길 극
거문고금
비단 금
새 금
미칠 급
경기 기
꾀할 기
빌 기
그 기
말탈 기

긴할 긴
허락할낙
계집 낭
견딜 내
편안 녕
종 노
골 뇌
진흙 니
차 다
아침 단

다만 단
붉을 단
맑을 담
밟을 답
당나라당
엿 당
대 대
빌릴 대
길 도
질그릇도

第9回 한자능력검정시험 2級

(시험시간 : 60분)

※다음 漢字語의 讀音을 쓰시오.

1. 吏讀(*)	2. 頻數(*)
3. 謁見(*)	4. 般若(*)
5. 殺到(*)	6. 枚數( )
7. 惹端( )	8. 晩餐( )
9. 惡魔( )	10. 俸給( )
11. 腎虛( )	12. 籠城( )
13. 書翰( )	14. 彰顯( )
15. 穩健( )	16. 紊棄( )
17. 瑞光( )	18. 洛陽( )
19. 令孃( )	20. 甘藍( )
21. 預託( )	22. 葛根( )
23. 盾戈( )	24. 閨秀( )
25. 松津( )	26. 畿甸( )
27. 揷紙( )	28. 璣衡( )
29. 運搬( )	30. 沙鉢( )
31. 紹述( )	32. 査頓( )
33. 洗劑( )	34. 渤海( )
35. 酸性( )	36. 弁韓( )
37. 傭船( )	38. 福岡( )
39. 聖旨( )	40. 垠界( )
41. 蔑法( )	42. 煥爛( )
43. 膚淺( )	44. 嬉笑( )

※다음 漢字의 訓과 音을 쓰시오.

45. 忘( )	46. 唆( )
47. 淚( )	48. 融( )
49. 乃( )	50. 磁( )
51. 懼( )	52. 脂( )
53. 牽( )	54. 遮( )
55. 倂( )	56. 琢( )
57. 盈( )	58. 茅( )
59. 繩( )	60. 塘( )
61. 輔( )	62. 冀( )
63. 昴( )	64. 塏( )

※다음 反對字・反對語를 쓰시오.

65. 濃 - ( )	66. ( )-冷却
67. 難 - ( )	68. ( )-促進
69. 貸 - ( )	70. ( )-總角
71. 乾 - ( )	72. ( )-苦痛
73. 損 - ( )	74. ( )-離脫

※다음 類義字・類義語를 쓰시오.

75. 悲 - ( )	76. ( ) - 拔
77. 逃 - ( )	78. ( ) - 溺
79. 扶 - ( )	80. ( ) - 賊
81. 情趣-( )	82. ( )-焦眉
83. 道德-( )	84. ( )-大家

※音은 같으나 뜻이 다른 漢字語를 쓰시오.

85. 偶對 : ( ) 군대에서 화살을 지는 부대.
86. 〃 : ( ) 특별히 잘 대우함.
87. 油脂 : ( ) 어떤 상태를 그대로 지니어 감.
88. 〃 : ( ) 어떤 일에 관심이나 뜻이 있는 사람.
89. 〃 : ( ) 죽은 이가 생전에 이루지 못하고 남긴 뜻.

※다음 漢字의 部首를 쓰시오.

90. 巢( )	91. 邕( )	92. 扈( )
93. 報( )	94. 奉( )	

※다음 밑줄 친 漢字語를 漢字 正字로 쓰시오.

소나무와 잣나무는 겨울이 되어도 상록(95)의 푸른빛을 띠고 다른 나무같이 낙엽이 되지 않음을 알 수 있다. 우리 인간은 좋은 조건(96)이 아닌 악조건 하에서도 강하게 생존할 수 있는 것이 어느 것인지 알 수 없다. 찬 기운이 나고 세찬 바람이 불어야 생과 도의와 절개(97)를 지키고 나갈 능력자가 누군지 구별되므로 나라가 위급(98)하고 혼란(99)할 때 충신(100)이 나타난다는 말과 비슷하다. 잘 살면 방문객(101)이 문전(102)성시를 이루고 관직(103)에서 물러서면 누구 하나 찾아온 사람이 없다. 역경(104)에 처해 보아야 그 인간의 진가(105)를 알게된다. 태평시대의 친구(106)들 중에서 우정을 찾기란 연목(107)구어 식으로 어리석은 것이다.

변함없는 우정, 신의(108), 애정은 고대나 지금(109)이나 인간 세계를 아름답게 하는 미덕임에 틀림없다.

군자나 인자가 갖추어야 할 삼덕이 바로 지, 인, 용이다. 지는 총명(110)한 판단(111) 정확(112)한 인식(113)이다. 확립된 주관으로써 세계를 이해하고 우주(114)의 이치에 통달하고 시비(115) 곡직(116)의 바탕을 통찰(117)하는 지성을 가진 자라면 어찌 의혹(118)하고 망설일 수 있겠는가? 인은 인류애, 자애다. 만인에 대한 박애(119)다. 모든 사람을 사랑한다. 사랑을 주는 자의 마음은 항상 즐겁다. 근심과 걱정 속에서 살고있는 범인(120)의 입장에서 근심을 극복(121)할 수 있는 인자가 되기는 힘이 들 것은 사실이다. 같은 인간으로서 같은 환난에 부딪쳐서 크게 근심하여 침식(122)을 잃는 위인이 있고 근심을 태연(123)하게 여기는 사람도 있었으니, 인간이 해결(124)해 나갈 수 없는 근심을 인이라는 도덕적 능력으로 이겨나갈 길을 찾아보는 것도 해롭지는 않다.

<論語 子罕篇에서>

95. 상록 (　　)	96. 조건 (　　)
97. 절개 (　　)	98. 위급 (　　)
99. 혼란 (　　)	100. 충신 (　　)
101. 방문객 (　　)	102. 문전 (　　)
103. 관직 (　　)	104. 역경 (　　)
105. 진가 (　　)	106. 친구 (　　)
107. 연목 (　　)	108. 신의 (　　)
109. 지금 (　　)	110. 총명 (　　)
111. 판단 (　　)	112. 정확 (　　)
113. 인식 (　　)	114. 우주 (　　)
115. 시비 (　　)	116. 곡직 (　　)
117. 통찰 (　　)	118. 의혹 (　　)
119. 박애 (　　)	120. 범인 (　　)
121. 극복 (　　)	122. 침식 (　　)
123. 태연 (　　)	124. 해결 (　　)

※95~114번 안에서 長音 5개를 찾아 번호를 쓰시오.

125. (　　) 126. (　　) 127. (　　)
128. (　　) 129. (　　)

※한글을 漢字로 써 넣어 故事成語를 完成하시오.

130. (삼)顧(초)廬	131. (백)牙絶(현)
132. (여)鼓(금)瑟	133. (사)面楚(가)
134. (와)釜(뇌)鳴	135. (수)怨孰(우)
136. (다)錢(선)賈	137. (고)身隻(영)
138. (만)壽(무)疆	139. (농)璋之(경)

※다음 뜻에 맞는 故事成語를 쓰시오.

140. 고향을 그리워하는 마음.
……… (　　)

141. 온갖 곡식과 많은 과실.
……… (　　)

142. 같은 무리끼리 서로 따름(끼리끼리 사귐)
……… (　　)

※다음 漢字語의 뜻을 쓰시오.

143. 出仕 : (　　)
144. 子婦 : (　　)
145. 方策 : (　　)
146. 特命 : (　　)
147. 追突 : (　　)

※다음 漢字의 略字를 쓰시오.

148. 隨 (　　) 同 (　　)
149. 獸 (　　) 單 (　　)
150. 歸 (　　) 師 (　　)

105점 이상 합격 ! 150

성명 [ ]

第10回 한자능력검정시험 2級

(시험시간 : 60분)

※다음 漢字語의 讀音을 쓰시오.

1.	遊說 (*)	2.	朝見 (*)
3.	豫度 (*)	4.	憎惡 (*)
5.	否塞 (*)	6.	諮議 ( )
7.	幻滅 ( )	8.	僻地 ( )
9.	華僑 ( )	10.	隻愛 ( )
11.	濠洲 ( )	12.	正札 ( )
13.	鋪裝 ( )	14.	藍色 ( )
15.	怖苦 ( )	16.	電磁 ( )
17.	編輯 ( )	18.	悽慘 ( )
19.	派閥 ( )	20.	診療 ( )
21.	颱風 ( )	22.	油脂 ( )
23.	耽溺 ( )	24.	屍體 ( )
25.	託兒 ( )	26.	峻峰 ( )
27.	皮膚 ( )	28.	鷹視 ( )
29.	沮害 ( )	30.	莞枕 ( )
31.	准將 ( )	32.	耀德 ( )
33.	炊婦 ( )	34.	喉舌 ( )
35.	綜詳 ( )	36.	熏燒 ( )
37.	鑄鍛 ( )	38.	馨香 ( )
39.	蹴踏 ( )	40.	亢龍 ( )
41.	衷情 ( )	42.	朱熹 ( )
43.	措處 ( )	44.	溶解 ( )

※다음 漢字의 訓과 音을 쓰시오.

45.	柴 ( )	46.	膠 ( )
47.	弁 ( )	48.	戴 ( )
49.	崙 ( )	50.	赦 ( )
51.	湍 ( )	52.	苑 ( )
53.	皐 ( )	54.	餐 ( )
55.	疆 ( )	56.	軸 ( )
57.	軒 ( )	58.	哉 ( )
59.	幅 ( )	60.	搖 ( )
61.	昏 ( )	62.	尋 ( )
63.	頗 ( )	64.	零 ( )

※다음 反對字・反對語를 쓰시오.

65.	經 - ( )	66.	( )-實在
67.	干 - ( )	68.	( )-獲得
69.	剛 - ( )	70.	( )-還元
71.	巨 - ( )	72.	( )-卵管
73.	京 - ( )	74.	( )-沃土

※다음 類義字・類義語를 쓰시오.

75.	揭 - ( )	76.	( ) - 察
77.	警 - ( )	78.	( ) - 怖
79.	橋 - ( )	80.	( ) - 勳
81.	各別-( )	82.	( )-不惑
83.	素行-( )	84.	( )-應辯

※音은 같으나 뜻이 다른 漢字語를 쓰시오.

85.	浮彫 : ( )	남을 도와줌.
86.	〃 : ( )	아버지와 할아버지.
87.	〃 : ( )	고르지 못함.
88.	但書 : ( )	일의 시초(실마리)
89.	女賊 : ( )	붓끝에 남은 먹물.

※다음 漢字의 部首를 쓰시오.

90.	秉 ( )	91.	甄 ( )	92.	串 ( )
93.	變 ( )	94.	丕 ( )		

※다음 밑줄 친 漢字語를 漢字로 쓰시오.

95. 독재 정치 <u>규탄</u>대회가 열렸다. ………… (　　)
96. 페인트. 니스 등 칠하는 재료를 <u>도료</u>라 한다. ………… (　　)
97. 물가가 <u>폭등</u>해서는 안 되지요. ………… (　　)
98. 개인들이 <u>엽총</u>을 소지하면 불법이지요. ………… (　　)
99. 회사 <u>동료</u> 사이라 더 가까움을 느낀다. ………… (　　)
100. 친구들간에 <u>모욕</u>적인 언행은 삼가 합시다. ………… (　　)
101. 날씨가 <u>화창</u>하다. ………… (　　)
102. 수평에 대하여 직각을 이룬 상태는 <u>수직</u>. ………… (　　)
103. 범죄 <u>수사</u>를 하고 있다. ………… (　　)
104. 경제 발전이 <u>도약</u>단계이다. ………… (　　)
105. 선거인 명부를 <u>열람</u>하다. ………… (　　)
106. 인권을 <u>옹호</u>하다. ………… (　　)
107. 월드컵 우승은 온 국민의 열의가 <u>응집</u>된 결과. ………… (　　)
108. 경찰서에서 <u>절도범</u>을 현상 수배하다. ………… (　　)
109. 피아노 <u>연주</u>대회에서 최우수상을 받다. ………… (　　)
110. 출. 퇴근시의 교통<u>체증</u>이 심각하다. ………… (　　)
111. 송년 모임에서 <u>사회</u>를 봤다. ………… (　　)
112. 학교를 지나 <u>우체국</u>을 간다. ………… (　　)
113. 상과 벌은 <u>형평</u>성에 맞아야 한다. ………… (　　)
114. 오존층 파괴로 인하여 <u>자외선</u>이 강하다. ………… (　　)

※첫소리가 長音인 것을 고르시오.

115. (　　) : ①偏黨 ②便覽 ③便道 ④片紙
116. (　　) : ①討論 ②討伐 ③討逆 ④討滅
117. (　　) : ①土浴 ②土屋 ③吐逆 ④兎舍
118. (　　) : ①眞正 ②鎭靜 ③陳情 ④眞情
119. (　　) : ①砲塔 ②包皮 ③暴虐 ④飽和

※다음 제시된 訓音에 맞는 漢字를 쓰시오.

120. 겨레 족 - 족보 보 [　　]
121. 지탱할지 - 막을 장 [　　]
122. 천거할천 - 들 거 [　　]
123. 주춧돌초 - 돌 석 [　　]
124. 빼앗을탈 - 가질 취 [　　]
125. 배부를포 - 먹을 식 [　　]
126. 갈 부 - 맡길 임 [　　]
127. 찰 만 - 열 개 [　　]
128. 이을 련 - 맬 계 [　　]
129. 바퀴자국궤 - 길 도 [　　]

※한글을 漢字로 써 넣어 故事成語를 完成하시오.

130. (과)大妄(상)
131. 杜(문)(불)出
132. (사)上樓(각)
133. 好(사)(다)魔
134. (차)胤聚(형)
135. 面(벽)(구)年
136. (삼)羅萬(상)
137. 借(청)(차)閨
138. (희)怒哀(락)
139. 興(망)(성)衰

※다음 뜻에 맞는 故事成語를 쓰시오.

140. 가난한 사람의 하나의 등불(참마음의 소중함) ……… (　　)
141. 뽕나무밭이 변하여 푸른 바다가 됨(세상의 변화가 심하거나 덧없음) ……… (　　)
142. 한약방에 꼭 들어가는 약재(무슨 일이든지 꼭 끼여들음) ……… (　　)

※다음 漢字語의 뜻을 쓰시오.

143. 意圖 : (　　)
144. 徒勞 : (　　)
145. 露宿 : (　　)
146. 眞理 : (　　)
147. 方正 : (　　)

※다음 漢字의 正字는 略字로,
略字는 正字로 쓰시오.

148. 励 (　　) 台 (　　)
149. 辺 (　　) 宝 (　　)
150. 聯 (　　) 關 (　　)

105점 이상 합격!
150

성명 [ ]

第11回 한자능력검정시험 2級

(시험시간 : 60분)

※다음 漢字語의 讀音을 쓰시오.

1. 沈靑 (*　　　)
2. 數尿 (*　　　)
3. 嫌惡 (*　　　)
4. 復命 (*　　　)
5. 降伏 (*　　　)
6. 診脈 (　　　)
7. 坑道 (　　　)
8. 定款 (　　　)
9. 憩息 (　　　)
10. 調劑 (　　　)
11. 繼紹 (　　　)
12. 彫琢 (　　　)
13. 苦衷 (　　　)
14. 哨所 (　　　)
15. 閨怨 (　　　)
16. 焦眉 (　　　)
17. 傀面 (　　　)
18. 追悼 (　　　)
19. 間諜 (　　　)
20. 採掘 (　　　)
21. 僑胞 (　　　)
22. 趣旨 (　　　)
23. 敎唆 (　　　)
24. 滑降 (　　　)
25. 締盟 (　　　)
26. 避妊 (　　　)
27. 痲醉 (　　　)
28. 樺皮 (　　　)
29. 補腎 (　　　)
30. 雍和 (　　　)
31. 放飼 (　　　)
32. 稙禾 (　　　)
33. 賠償 (　　　)
34. 邢昺 (　　　)
35. 療養 (　　　)
36. 盈虛 (　　　)
37. 硯滴 (　　　)
38. 律呂 (　　　)
39. 鬱寂 (　　　)
40. 濂溪 (　　　)
41. 津液 (　　　)
42. 耽讀 (　　　)
43. 制霸 (　　　)
44. 韋帶 (　　　)

※다음 漢字의 訓과 音을 쓰시오.

45. 迦 (　　　)
46. 旌 (　　　)
47. 牟 (　　　)
48. 抛 (　　　)
49. 舜 (　　　)
50. 翰 (　　　)
51. 熊 (　　　)
52. 窒 (　　　)
53. 庾 (　　　)
54. 瑞 (　　　)
55. 垠 (　　　)
56. 蔑 (　　　)
57. 縣 (　　　)
58. 而 (　　　)
59. 亨 (　　　)
60. 斥 (　　　)
61. 孰 (　　　)
62. 聘 (　　　)
63. 汚 (　　　)
64. 似 (　　　)

※다음 反對字・反對語를 쓰시오.

65. 濃厚-(　　　)
66. (　　　) - 絶
67. 忘却-(　　　)
68. (　　　) - 猛
69. 微官-(　　　)
70. (　　　) - 伸
71. 異端-(　　　)
72. (　　　) - 陰
73. 興奮-(　　　)
74. (　　　) - 拙

※다음 類義字・類義語를 쓰시오.

75. 懷 - (　　　)
76. (　　　) - 姻
77. 獻 - (　　　)
78. (　　　) - 村
79. 恒 - (　　　)
80. (　　　) - 竟
81. 覺悟-(　　　)
82. (　　　)-除煩
83. 了解-(　　　)
84. (　　　)-進退

※音은 같으나 뜻이 다른 漢字語를 쓰시오.

85. 拘縮 : (　　　) 구조물이나 진지 등을 쌓아 올려 만듦.
86. 〃 : (　　　) 몰아냄(쫓아냄).
87. 棋院 : (　　　) 햇수를 세는 기준이 되는 해.
88. 〃 : (　　　) 소원이 이루어지기를 빎.
89. 〃 : (　　　) 사물의 생긴 근원(인류의 기원).

※다음 漢字의 部首를 쓰시오.

90. 兢 (　　)
91. 競 (　　)
92. 耆 (　　)
93. 鮮 (　　)
94. 遲 (　　)

※다음 밑줄 친 漢字語를 漢字 正字로 쓰시오.

향당은 공자가 거주하며 사적(95)생활을 하는 지역(96), 동리(97)라는 뜻이다. 공자께서 자기 마을에 계실 때에는 공손하고 성실(98)하셨으며, 검소(99)한 차림을 하였다. 언행을 삼가다 보니 말재주가 좋지 못한 사람처럼 말이 더듬더듬 하였으나, 일단 종묘(100)나 조정(101)에 나가서 군주(102)를 도울 때나 정사(103)에 관하여 의론(104)을 할 때에는 변론이 이치(105) 정연(106)하고 명백하되 근엄하고 신중(107)하였다.

목욕(108)재계할 때는 반드시 깨끗한 옷을 입으시며 그 옷은 삼베를 만든 옷이었다. 재계하실 때에는 평시와 다르게 식사를 하시며 별실(109)에 거처(110)하셨다. 재는 조상이나 기타 제사(111) 준비(112)로 몸을 깨끗이 하여 정성을 드리는 것으로 재계할 때는 반드시 금주(113)하고 향초(114)를 금하는 등 음식(115)을 바꾼다. 거처하는 자리도 반드시 다른 곳으로 옮긴다. 환경을 바꾸어서 몸과 마음을 새롭고 깨끗히 하여 제사를 지냈던 것이다. 공자의 예법(116)과 청결(117)함을 알 수 있다.

공자께서는 마을 사람들과 술을 마실 때에는 노인들이 먼저 나간 다음에야 나가시었고 향인이 역신(118)을 쫓는 놀이를 할 땐 반드시 조복하여 동편(119) 섬돌에 서 계셨다. 역신을 쫓는 푸닥거리는 일종의 작란(120)삼아 하는 부락(121)의 미신(122)이지만, 공자는 지식인으로서 그것을 경멸 하지않고 예복을 입고 廟堂 앞에 나와서 마을 사람들과 협력하였다는 것이다.

수레에 오름에 반드시 바르게 서서 줄을 잡으시며, 수레 안에서는 좌고(123)우시하지 아니하며, 고성(124)으로 말하지 아니하며, 손가락으로 이것저것 가리키지 아니하셨다. <論語 鄕黨篇에서>

95. 사적 (　　)　96. 지역 (　　)
97. 동리 (　　)　98. 성실 (　　)
99. 검소 (　　)　100. 종묘 (　　)
101. 조정 (　　)　102. 군주 (　　)
103. 정사 (　　)　104. 의론 (　　)
105. 이치 (　　)　106. 정연 (　　)
107. 신중 (　　)　108. 목욕 (　　)
109. 별실 (　　)　110. 거처 (　　)
111. 제사 (　　)　112. 준비 (　　)
113. 금주 (　　)　114. 향초 (　　)
115. 음식 (　　)　116. 예법 (　　)
117. 청결 (　　)　118. 역신 (　　)
119. 동편 (　　)　120. 작란 (　　)
121. 부락 (　　)　122. 미신 (　　)
123. 좌고 (　　)　124. 고성 (　　)

※95~114번 안에서 長音 5개를 찾아 번호를 쓰시오.

125. (　　)　126. (　　)　127. (　　)
128. (　　)　129. (　　)

※한글을 漢字로 써 넣어 故事成語를 完成하시오.

130. 望(양)之(탄)　131. 旁岐(곡)(경)
132. 盤(근)錯(절)　133. 赤手(공)(권)
134. 不(구)戴(천)　135. 雪膚(화)(용)
136. 雲(니)之(차)　137. 後生(가)(외)
138. 自(초)至(종)　139. 畫蛇(첨)(족)

※다음 뜻에 맞는 故事成語를 쓰시오.

140. 불을 보듯 분명함. 더 말할 나위 없이 명백함.
……… (　　)
141. 많은 학자들이 자유롭게 논쟁하는 일.
……… (　　)
142. 흰옷을 입고 군대를 따름(벼슬 없는 사람이 싸움터에 나감)
……… (　　)

※다음 漢字語의 뜻을 쓰시오.

143. 著述 : (　　)
144. 親切 : (　　)
145. 安候 : (　　)
146. 經費 : (　　)
147. 金塊 : (　　)

※다음 漢字의 略字를 쓰시오.

148. 乘 (　　)　樣 (　　)
149. 雙 (　　)　從 (　　)
150. 獨 (　　)　觸 (　　)

105점 이상 합격! 150

성명 [ ]

第12回 한자능력검정시험 2級

(시험시간 : 60분)

※다음 漢字語의 讀音을 쓰시오.

1.	復權 (*)	2.	畫策 (*)
3.	茶室 (*)	4.	參億 (*)
5.	樂土 (*)	6.	煉炭 ( )
7.	噫嗚 ( )	8.	養蠶 ( )
9.	妖術 ( )	10.	纖巧 ( )
11.	海灣 ( )	12.	藥劑 ( )
13.	被拉 ( )	14.	匪徒 ( )
15.	特赦 ( )	16.	垈地 ( )
17.	塵世 ( )	18.	魅了 ( )
19.	坪當 ( )	20.	發癌 ( )
21.	胎敎 ( )	22.	濃度 ( )
23.	艦隊 ( )	24.	棟幹 ( )
25.	財閥 ( )	26.	瀋陽 ( )
27.	沮抑 ( )	28.	鏞鍾 ( )
29.	彰德 ( )	30.	廬幕 ( )
31.	殘尿 ( )	32.	姸粧 ( )
33.	釣船 ( )	34.	沖年 ( )
35.	借款 ( )	36.	劉備 ( )
37.	製菓 ( )	38.	琪樹 ( )
39.	人蔘 ( )	40.	冀圖 ( )
41.	悽然 ( )	42.	惇篤 ( )
43.	謬算 ( )	44.	馥郁 ( )

※다음 漢字의 訓과 音을 쓰시오.

45.	扁 ( )	46.	靴 ( )
47.	雉 ( )	48.	隻 ( )
49.	址 ( )	50.	穆 ( )
51.	沃 ( )	52.	酸 ( )
53.	擁 ( )	54.	升 ( )
55.	旁 ( )	56.	札 ( )
57.	毁 ( )	58.	幾 ( )
59.	播 ( )	60.	僚 ( )
61.	奚 ( )	62.	眉 ( )
63.	巷 ( )	64.	召 ( )

※다음 反對字·反對語를 쓰시오.

65.	奴 - ( )	66.	( )-矛盾
67.	旦 - ( )	68.	( )-虛僞
69.	單 - ( )	70.	( )-賀客
71.	腹 - ( )	72.	( )-酷評
73.	詳 - ( )	74.	( )-相逢

※다음 類義字·類義語를 쓰시오.

75.	朱 - ( )	76.	( ) - 劣
77.	組 - ( )	78.	( ) - 齊
79.	停 - ( )	80.	( ) - 續
81.	至上-( )	82.	( )-善惡
83.	天地-( )	84.	( )-叛逆

※音은 같으나 뜻이 다른 漢字語를 쓰시오.

85.	對比 : ( )	선왕(先王)의 아내.
86.	〃 : ( )	부처의 큰마음.
87.	素花 : ( )	먹은 음식을 삭임.
88.	〃 : ( )	우스운 이야기.
89.	〃 : ( )	불에 태움.

※다음 漢字의 部首를 쓰시오.

90.	亮 ( )	91.	舒 ( )	92.	盈 ( )
93.	肅 ( )	94.	承 ( )		

※다음 밑줄 친 漢字語를 漢字로 쓰시오.

95. 거지 아이의 손길이 가련하다. ………………………… (　　)
96. 어머님은 가식이 없는 인품이시다. ………………………… (　　)
97. 졸업식 때 개근상을 받다. ………………………… (　　)
98. 한라산 정상은 경사가 심하다. ………………………… (　　)
99. 사회에 공헌한 사람이 되자. ………………………… (　　)
100. 이웃에 관대한 아량을 베풀다. ………………………… (　　)
101. 처음 뜻을 끝까지 관철하다. ………………………… (　　)
102. 화폐교환은 은행에서 합니다. ………………………… (　　)
103. 사회 구성원 개개인이 자기가 맡은 바 임무를 다하다. ………………………… (　　)
104. 내가 만약 스타가 되었으면 하는 꿈을 꾼다. ………………………… (　　)
105. 맨주먹으로 맹수와 맞서다. ………………………… (　　)
106. 호국 영령에 대한 묵념. ………………………… (　　)
107. 국가의 장래를 청소년에게 걸다 ………………………… (　　)
108. 책을 인쇄할 때에는 인쇄물을 윤전기에 건다. ………………………… (　　)
109. 나의 희망은 치과 의사이다. ………………………… (　　)
110. 월드컵을 유치하면 국익에 도움이 된다. ………………………… (　　)
111. 환경 오염이 심각하다. ………………………… (　　)
112. 상대방의 양해를 구하다. ………………………… (　　)
113. 한 순간에 일어난 사고였다. ………………………… (　　)
114. 호남지방의 폭설피해는 심각한 상황이다. ………………………… (　　)

※첫소리가 長音인 것을 고르시오.

115. (　　) : ①看役 ②姦淫 ③幹音 ④間印
116. (　　) : ①甘受 ②減收 ③監守 ④監修
117. (　　) : ①東進 ②同志 ③動止 ④冬至
118. (　　) : ①侮辱 ②貌容 ③茅屋 ④募緣
119. (　　) : ①不渡 ②附圖 ③婦道 ④父道

※다음 제시된 訓音에 맞는 漢字를 쓰시오.

120. 번역할번 - 번역할역 [　　]
121. 놓을 방 - 보낼 송 [　　]
122. 높을 존 - 공경 경 [　　]
123. 옮길 천 - 도읍 도 [　　]
124. 뛰어넘을초 - 넘을 월 [　　]
125. 게으를태 - 거만할만 [　　]
126. 표할 표 - 준할 준 [　　]
127. 형통할형 - 통할 통 [　　]
128. 남을 여 - 겨를 가 [　　]
129. 나눌 배 - 생각할려 [　　]

※한글을 漢字로 써 넣어 故事成語를 完成하시오.

130. 破邪(현)(정)
131. (일)(모)途遠
132. 指鹿(위)(마)
133. (은)(인)自重
134. 切齒(부)(심)
135. (우)(자)一得
136. 不恥(하)(문)
137. (부)(귀)在天
138. 立身(양)(명)
139. (맹)(모)斷機

※다음 뜻에 맞는 故事成語를 쓰시오.

140. 벼슬 또는 성공하여 고향에 돌아옴. ……… (　　)
141. 알을 쌓아 놓은 듯이 위험한 상태. ……… (　　)
142. 온 산의 붉은 잎사귀. ……… (　　)

※다음 漢字語의 뜻을 쓰시오.

143. 寸陰 : (　　)
144. 故事 : (　　)
145. 容器 : (　　)
146. 書信 : (　　)
147. 宿願 : (　　)

※다음 漢字의 正字는 略字로, 略字는 正字로 쓰시오.

148. 恋 (　　) 変 (　　)
149. 獵 (　　) 靈 (　　)
150. 勞 (　　) 榮 (　　)

105점 이상 합격!
150

3級Ⅱ ▷중간점검용◁

정답 p67

④	⑤	⑥	⑦	⑧	⑨	⑩
칼 도	자주 루	그릴 모	기울 보	비낄 사	다를 수	언덕 아
넘어질도	샐 루	꾀 모	족보 보	깎을 삭	따를 수	나 아
복숭아도	인륜 륜	모양 모	배 복	수풀 삼	보낼 수	언덕 안
건널 도	밤 률	화목할목	덮을 복	모양 상	장수 수	낯 안
갑자기돌	비율 률	빠질 몰	봉우리봉	자세할상	짐승 수	바위 암
얼 동	높을 륭	꿈 몽	봉할 봉	치마 상	근심 수	가운데앙
이을 락	언덕 릉	어두울몽	만날 봉	서리 상	목숨 수	우러를앙
난간 란	관리 리	무역할무	새 봉	오히려상	드리울수	슬플 애
난초 란	밟을 리	무성할무	문서 부	잃을 상	익을 숙	같을 약
사랑채랑	속 리	잠잠할묵	부칠 부	뽕나무상	맑을 숙	흙덩이양
물결 랑	임할 림	먹 묵	부호 부	갚을 상	눈깜짝할순	날릴 양
사내 랑	삼 마	무늬 문	붙을 부	찾을 색	돌 순	사양할양
서늘할량	갈 마	말 물	도울 부	막힐 색	열흘 순	거느릴어
들보 량	넓을 막	작을 미	뜰 부	마을 서	펼 술	누를 억
힘쓸 려	장막 막	꼬리 미	썩을 부	실마리서	엄습할습	생각할억
책력 력	없을 막	엷을 박	부세 부	용서할서	주울 습	번역할역
그리워할련	늦을 만	핍박할박	달릴 분	천천할서	젖을 습	부릴 역
쇠불릴련	망령될망	가지 반	떨칠 분	풀 석	오를 승	역 역
연이을련	매화 매	소반 반	어지러울분	아낄 석	중 승	또 역
연꽃 련	중매 매	밥 반	떨칠 불	돌 선	탈 승	전염병역
찢어질렬	보리 맥	뽑을 발	계집종비	선 선	모실 시	제비 연
고개 령	맏 맹	꽃다울방	낮을 비	트일 소	꾸밀 식	물따라갈연
신령 령	맹세 맹	무리 배	살찔 비	되살아날소	삼갈 신	연할 연
화로 로	사나울맹	밀칠 배	왕비 비	호소할소	살필 심	잔치 연
이슬 로	소경 맹	북돋을배	간사할사	사를 소	심할 심	기쁠 열
녹 록	솜 면	맏 백	말 사	송사할송	두 쌍	물들 염
희롱할롱	잘 면	번성할번	맡을 사	인쇄할쇄	어금니아	불꽃 염
의뢰할뢰	면할 면	무릇 범	모래 사	쇠사슬쇄	싹 아	소금 염
우레 뢰	멸할 멸	푸를 벽	제사 사	쇠할 쇠	맑을 아	그림자영
다락 루	새길 명	남녘 병	긴뱀 사	쓰일 수	버금 아	기릴 예

3級Ⅱ ▷중간점검용◁

정답 p67

⑪	⑫	⑬	⑭	⑮	⑯	⑰
까마귀오	날개 익	조정 정	베풀 진	닮을 초	엮을 편	되 호
깨달을오	참을 인	칠 정	진압할진	뛰어넘을초	폐단 폐	호걸 호
옥 옥	편안할일	곧을 정	별 진	주춧돌초	허파 폐	범 호
기와 와	북방 임	깨끗할정	우레 진	닿을 촉	폐할 폐	미혹할혹
느릴 완	품삯 임	우물 정	병 질	재촉할촉	개 포	넋 혼
욕될 욕	사랑 자	정수리정	차례 질	재촉할최	잡을 포	갑자기홀
욕심 욕	찌를 자	가지런할제	잡을 집	쫓을 추	단풍 풍	넓을 홍
하고자할욕	자주빛자	모두 제	부를 징	짐승 축	입을 피	재앙 화
어리석을우	잠길 잠	비칠 조	이 차	찌를 충	가죽 피	돌아올환
짝 우	잠깐 잠	억조 조	빌릴 차	취할 취	저 피	바꿀 환
근심 우	감출 장	조세 조	어긋날착	불 취	마칠 필	임금 황
집 우	단장할장	세로 종	도울 찬	곁 측	어찌 하	거칠 황
깃 우	손바닥장	앉을 좌	곳집 창	값 치	하례할하	뉘우칠회
운 운	씩씩할장	기둥 주	창성할창	부끄러울치	멜 하	품을 회
넘을 월	어른 장	물가 주	푸를 창	어릴 치	학 학	그을 획
밥통 위	오장 장	집 주	채색 채	옻 칠	땀 한	얻을 획
이를 위	장사지낼장	아뢸 주	나물 채	잠길 침	벨 할	가로 횡
거짓 위	실을 재	구슬 주	빚 채	잠길 침	머금을함	가슴 흉
그윽할유	옷마를재	그루 주	꾀 책	빼앗을탈	빠질 함	놀이 희
꾈 유	심을 재	쇠불릴주	아내 처	탑 탑	항목 항	드물 희
넉넉할유	막을 저	버금 중	넓힐 척	끓을 탕	항상 항	·
멀 유	나타날저	곧 즉	친척 척	거의 태	울릴 향	·
벼리 유	고요할적	미울 증	자 척	클 태	드릴 헌	·
부드러울유	딸 적	증세 증	밟을 천	못 택	검을 현	·
어릴 유	발자취적	찔 증	천할 천	토끼 토	달 현	·
오히려유	자취 적	일찍 증	얕을 천	토할 토	굴 혈	·
불을 윤	피리 적	못 지	옮길 천	사무칠투	위협할협	·
새 을	전각 전	갈 지	밝을 철	판목 판	저울대형	·
음란할음	점점 점	가지 지	통할 철	조각 편	슬기로울혜	
이미 이	정자 정	떨칠 진	막힐 체	치우칠편	넓을 호	3Ⅱ 500字

성명 [ ]

第13回 한자능력검정시험 2級

(시험시간 : 60분)

※다음 漢字語의 讀音을 쓰시오.

1. 龜鑑 (*)
2. 投降 (*)
3. 樂勝 (*)
4. 復興 (*)
5. 好惡 (*)
6. 撤廢 ( )
7. 抗癌 ( )
8. 峽谷 ( )
9. 幻想 ( )
10. 煉瓦 ( )
11. 脫硫 ( )
12. 酸味 ( )
13. 探偵 ( )
14. 摩鑛 ( )
15. 虐殺 ( )
16. 購買 ( )
17. 筆硯 ( )
18. 梧葉 ( )
19. 港灣 ( )
20. 傳貰 ( )
21. 廻轉 ( )
22. 隻眼 ( )
23. 喉頭 ( )
24. 窒塞 ( )
25. 休憩 ( )
26. 昊天 ( )
27. 霸權 ( )
28. 殷富 ( )
29. 海鷗 ( )
30. 駿馬 ( )
31. 表彰 ( )
32. 艾年 ( )
33. 紅蔘 ( )
34. 埃及 ( )
35. 胎妊 ( )
36. 騏驥 ( )
37. 艦船 ( )
38. 甫兒 ( )
39. 彫刻 ( )
40. 蘇軾 ( )
41. 磁石 ( )
42. 銖兩 ( )
43. 把握 ( )
44. 曲阜 ( )

※다음 漢字의 訓과 音을 쓰시오.

45. 芝 ( )
46. 焦 ( )
47. 禎 ( )
48. 尼 ( )
49. 渤 ( )
50. 刹 ( )
51. 鷺 ( )
52. 飼 ( )
53. 岬 ( )
54. 腎 ( )
55. 颱 ( )
56. 閥 ( )
57. 咸 ( )
58. 廉 ( )
59. 匹 ( )
60. 斯 ( )
61. 弔 ( )
62. 丈 ( )
63. 耶 ( )
64. 亭 ( )

※다음 反對字 · 反對語를 쓰시오.

65. 斬新-( )
66. ( ) - 弟
67. 靜肅-( )
68. ( ) - 正
69. 守節-( )
70. ( ) - 除
71. 悲哀-( )
72. ( ) - 俗
73. 憂鬱-( )
74. ( ) - 涼

※다음 類義字 · 類義語를 쓰시오.

75. 忍 - ( )
76. ( ) - 態
77. 殘 - ( )
78. ( ) - 帥
79. 幼 - ( )
80. ( ) - 療
81. 彌滿-( )
82. ( )-思慮
83. 方法-( )
84. ( )-事前

※音은 같으나 뜻이 다른 漢字語를 쓰시오.

85. 世母 : ( ) 세밑(한 해의 마지막 때).
86. 〃 : ( ) 가는 털.
87. 垂心 : ( ) 짐승처럼 사납고 모진 마음.
88. 〃 : ( ) 물의 깊이.
89. 〃 : ( ) 근심하는 마음.

※다음 漢字의 部首를 쓰시오.

90. 胤 ( )
91. 燮 ( )
92. 馮 ( )
93. 鼎 ( )
94. 疑 ( )

※다음 밑줄 친 漢字語를 漢字 正字로 쓰시오.

공자의 제자중 한사람인 염구가 벼슬길에 출사(95)하자 엉뚱한 짓을 했다. 백성들로부터 중세를 거둬들여 주인인 계씨를 더욱 부하게 만들어 주었다. 이에 공자는 다른 제자들에게 너희들을 문책(96)하여 성토(97)하여도 좋다고 크게 노하였다. 군자가 정치참여(98)를 하는 것은 仁을 구현(99)시켜 백성들을 행복(100)하게 이끌고 사회 평화를 달성(101)키 위함이다. 그와 반대로 백성을 억압(102) 착취하고, 이른바 상전(103)이나 독재(104)자를 살찌게 하는 것이라면 이는 죄악(105)을 저지름과 같다. 그렇기 때문에 군자는 난세(106)의 폭군(107)을 위해 일하지 않고 빈천(108)도 감수(109)하며, 때를 노려 인도, 문화, 덕치(110)의 힘으로써 사회악을 몰아내고 사회의 정의를 바로잡으라고 한 것이다. 출세나 지위(111)가 문제될 수 없다. 인도를 구현할 수 있느냐, 덕치를 할 수 있느냐가 문제인 것이다. 염구의 행실은 마땅히 타도(112)해야 한다. 군자의 지덕은 악덕자를 위해서 사용(113)해서는 아니 된다고 강조(114)했다. 이는 오늘의 지식(115)인, 학자(116), 기술(117)자도 마찬가지이다. 전체사회 인류의 행복과 평화를 위해 자기의 학문, 기술, 덕행을 바쳐야 한다. 악과 結託하여 잘 살겠다는 생각은 죄악이다.

공자는 한가지 윤리(118)를 외곬으로 누구에게나 똑같이 실천하라고 강요하는 고루한 교조(119)주의자는 아니었다. 때와 장소, 경우와 상대에 따라 그의 가르침은 적절(120)히 변하였다. 똑같은 질문을 받아도 제자들의 성품에 따라 대답이 달랐던 것이다. 소극적인 제자에게는 용기를 내어 매진케 하였고, 적극적인 제자에게는 망동(121)을 행할까 염려(122)되어 경거(123)를 억제할 목적으로 부형이 있으면 먼저 상의(124)하라고 한 것이다. <論語 先進篇에서>

95. 출사 ( ) 96. 문책 ( )
97. 성토 ( ) 98. 참여 ( )
99. 구현 ( ) 100. 행복 ( )
101. 달성 ( ) 102. 억압 ( )
103. 상전 ( ) 104. 독재 ( )
105. 죄악 ( ) 106. 난세 ( )
107. 폭군 ( ) 108. 빈천 ( )
109. 감수 ( ) 110. 덕치 ( )
111. 지위 ( ) 112. 타도 ( )
113. 사용 ( ) 114. 강조 ( )
115. 지식 ( ) 116. 학자 ( )
117. 기술 ( ) 118. 윤리 ( )
119. 교조 ( ) 120. 적절 ( )
121. 망동 ( ) 122. 염려 ( )
123. 경거 ( ) 124. 상의 ( )

※95~114번 안에서 長音 5개를 찾아 번호를 쓰시오.

125. ( ) 126. ( ) 127. ( )
128. ( ) 129. ( )

※한글을 漢字로 써 넣어 故事成語를 完成하시오.

130. (일련)托生 131. (풍)餐露(숙)
132. (지어)之殃 133. (도)炭之(고)
134. (백골)難忘 135. (부)和雷(동)
136. (맹호)伏草 137. (계)鳴狗(도)
138. (순망)齒寒 139. (매)蘭菊(죽)

※다음 뜻에 맞는 故事成語를 쓰시오.

140. 근거나 토대가 없는 사물이나 일을 의미함.
……… ( )
141. 지나친 공손은 예의가 아님.
……… ( )
142. 관례·혼례·상례·제례를 통틀어 이름.
……… ( )

※다음 漢字語의 뜻을 쓰시오.

143. 善用 : ( )
144. 寬容 : ( )
145. 制度 : ( )
146. 徒步 : ( )
147. 副果 : ( )

※다음 漢字의 略字를 쓰시오.

148. 壞 ( ) 巖 ( )
149. 鹽 ( ) 晝 ( )
150. 濕 ( ) 顯 ( )

105점 이상 합격!
150

第14回 한자능력검정시험 2級

(시험시간 : 60분)

※다음 漢字語의 讀音을 쓰시오.

1. 極樂 (*)
2. 不實 (*)
3. 畫順 (*)
4. 斬衰 (*)
5. 辰宿 (*)
6. 脫脂 ( )
7. 發掘 ( )
8. 丸彫 ( )
9. 本俸 ( )
10. 喉聲 ( )
11. 防諜 ( )
12. 霸氣 ( )
13. 房貰 ( )
14. 酷寒 ( )
15. 尉官 ( )
16. 抛置 ( )
17. 尼寺 ( )
18. 翰墨 ( )
19. 哨兵 ( )
20. 長靴 ( )
21. 妊婦 ( )
22. 趨迎 ( )
23. 撤去 ( )
24. 雌性 ( )
25. 諮問 ( )
26. 秉權 ( )
27. 窒息 ( )
28. 龐錯 ( )
29. 締約 ( )
30. 薛聰 ( )
31. 朝餐 ( )
32. 暹羅 ( )
33. 推戴 ( )
34. 伏羲 ( )
35. 駐屯 ( )
36. 冕服 ( )
37. 掌握 ( )
38. 深泓 ( )
39. 地軸 ( )
40. 亮察 ( )
41. 滄浪 ( )
42. 彦陽 ( )
43. 遮燈 ( )
44. 俛首 ( )

※다음 漢字의 訓과 音을 쓰시오.

45. 賴 ( )
46. 殿 ( )
47. 漏 ( )
48. 竟 ( )
49. 沒 ( )
50. 絹 ( )
51. 付 ( )
52. 遲 ( )
53. 垂 ( )
54. 穩 ( )
55. 尺 ( )
56. 匪 ( )
57. 療 ( )
58. 蓬 ( )
59. 圈 ( )
60. 麟 ( )
61. 裸 ( )
62. 杰 ( )
63. 舒 ( )
64. 墺 ( )

※다음 反對字・反對語를 쓰시오.

65. 現役-( )
66. ( ) - 決
67. 助長-( )
68. ( ) - 鈍
69. 添加-( )
70. ( ) - 免
71. 定着-( )
72. ( ) - 妹
73. 融解-( )
74. ( ) - 野

※다음 類義字・類義語를 쓰시오.

75. 敦 - ( )
76. ( ) - 端
77. 毛 - ( )
78. ( ) - 盛
79. 迷 - ( )
80. ( ) - 濯
81. 依存-( )
82. ( )-許可
83. 架空-( )
84. ( )-示唆

※音은 같으나 뜻이 다른 漢字語를 쓰시오.

85. 硬鉛 : ( ) 경사스러운 잔치.
86. 〃 : ( ) 연기나 기능 따위를 겨룸.
87. 〃 : ( ) 단단함과 무름.
88. 謹身 : ( ) 삼가고 조심함.
89. 〃 : ( ) 요즈음에 온 소식이나 편지.

※다음 漢字의 部首를 쓰시오.

90. 釜 ( )
91. 襄 ( )
92. 罔 ( )
93. 疆 ( )
94. 亞 ( )

※다음 밑줄 친 漢字語를 漢字로 쓰시오.

95. 한국과 중국은 <u>인접</u> 국가이다. ………… (　　)
96. 비위 사실을 <u>은폐</u>하다. ………… (　　)
97. 건강에 <u>유의</u>하시기 바랍니다. ………… (　　)
98. 새해아침을 <u>원단</u>이라고 한다. ………… (　　)
99. 머리를 <u>염색</u>하다. ………… (　　)
100. 난정 장학회 <u>시상식</u>에 참석하다. ………… (　　)
101. 그도 <u>소위</u> 감투라는 것을 쓴 적이 있었다 ………… (　　)
102. 금년은 <u>서기</u> 2006년이다. ………… (　　)
103. 몸이 <u>비만</u>하여 잘 뛰지 못한다. ………… (　　)
104. 권력기관이 <u>부패</u>되면 안 된다. ………… (　　)
105. 아침 출근 시간이 너무 <u>번잡</u>하다. ………… (　　)
106. 친구를 <u>배반</u>할 수 없다. ………… (　　)
107. 리더십을 <u>발휘</u>하다. ………… (　　)
108. 그녀는 <u>미소</u>가 아름답다. ………… (　　)
109. 우리 학교는 <u>정숙</u>한 분위기에서 공부한다. ………… (　　)
110. 친일파인 모 교수는 학계에서 <u>매장</u>되다. ………… (　　)
111. 개그맨들의 <u>만담</u>으로 웃음바다를 이루었다. ………… (　　)
112. 석유를 <u>대체</u>하는 물질은 무엇일까. ………… (　　)
113. 회사에서는 능력에 따라 <u>대우</u>가 다르다. ………… (　　)
114. 공부는 <u>기초</u>가 중요하다. ………… (　　)

※첫소리가 長音인 것을 고르시오.

115. (　　) : ①米色 ②迷色 ③美聲 ④微誠
116. (　　) : ①未然 ②微熱 ③迷鳥 ④美製
117. (　　) : ①考險 ②故鄕 ③孤寒 ④故國
118. (　　) : ①對局 ②大田 ③大邱 ④大口
119. (　　) : ①方今 ②放禽 ③芳紀 ④防禁

※다음 제시된 訓音에 맞는 漢字를 쓰시오.

120. 사귈 교 - 즈음 제 [　　]
121. 열 개 - 넓힐 척 [　　]
122. 마루 종 - 가르칠교 [　　]
123. 가질 지 - 참여할참 [　　]
124. 통할 철 - 밑 저 [　　]
125. 칠 토 - 칠 벌 [　　]
126. 풍년 풍 - 부자 부 [　　]
127. 노략질략 - 빼앗을탈 [　　]
128. 밀칠 배 - 공 구 [　　]
129. 멜 담 - 마땅 당 [　　]

※한글을 漢字로 써 넣어 故事成語를 完成하시오.

130. 權謀(술)(수)
131. (중)(과)不敵
132. 盲龜(부)(목)
133. (군)(불)厭詐
134. 同床(이)(몽)
135. (고)(육)之策
136. 內柔(외)(강)
137. (각)(주)求劍
138. 孤掌(난)(명)
139. (경)(이)遠之

※다음 뜻에 맞는 故事成語를 쓰시오.

140. 달걀에도 뼈가 있음(모처럼 좋은 기회를 만나도 역시 일이 잘 안됨) ……… (　　)
141. 흥함이 다하면 슬픔이 온다(세상일이 돌고 도는 것을 말함) ……… (　　)
142. 하늘은 높고 말은 살찜(가을날의 맑고 풍성한 정경) ……… (　　)

※다음 漢字語의 뜻을 쓰시오.

143. 別途 : (　　)
144. 銳利 : (　　)
145. 冬季 : (　　)
146. 將次 : (　　)
147. 草露 : (　　)

※다음 漢字의 正字는 略字로, 略字는 正字로 쓰시오.

148. 礼(　　) 炉(　　)
149. 楼(　　) 屢(　　)
150. 獻(　　) 濟(　　)

105점 이상 합격! 150

성명 [ ]

第15回 한자능력검정시험 2級

(시험시간 : 60분)

※다음 漢字語의 讀音을 쓰시오.

1.	度地(*)	2.	說樂(*)
3.	叔行(*)	4.	生辰(*)
5.	水刺(*)	6.	歪形( )
7.	偵察( )	8.	翰林( )
9.	折衷( )	10.	海峽( )
11.	紙鋪( )	12.	香紳( )
13.	津船( )	14.	琢玉( )
15.	綜核( )	16.	山蔘( )
17.	出藍( )	18.	謄本( )
19.	主軸( )	20.	歐美( )
21.	鐵盾( )	22.	魅惑( )
23.	謬習( )	24.	傭員( )
25.	傘下( )	26.	馮虛( )
27.	要旨( )	28.	欄杆( )
29.	分娩( )	30.	寺址( )
31.	併用( )	32.	璇珠( )
33.	冬柏( )	34.	陝西( )
35.	雇役( )	36.	寶鈺( )
37.	貴孃( )	38.	杜甫( )
39.	戈劍( )	40.	岐路( )
41.	付託( )	42.	孟軻( )
43.	尿道( )	44.	郁烈( )

※다음 漢字의 訓과 音을 쓰시오.

45.	后( )	46.	礙( )
47.	稷( )	48.	賠( )
49.	艾( )	50.	矛( )
51.	萊( )	52.	憩( )
53.	董( )	54.	携( )
55.	措( )	56.	毫( )
57.	宰( )	58.	皇( )
59.	茲( )	60.	豪( )
61.	捉( )	62.	鎭( )
63.	添( )	64.	誠( )

※다음 反對字·反對語를 쓰시오.

65.	燥 - ( )	66.	( )-整頓
67.	罪 - ( )	68.	( )-愚鈍
69.	遲 - ( )	70.	( )-實際
71.	向 - ( )	72.	( )-輕蔑
73.	取 - ( )	74.	( )-略述

※다음 類義字·類義語를 쓰시오.

75.	進 - ( )	76.	( ) - 納
77.	捕 - ( )	78.	( ) - 禍
79.	尋 - ( )	80.	( ) - 眠
81.	靜養-( )	82.	( )-漂泊
83.	說明-( )	84.	( )-尺土

※音은 같으나 뜻이 다른 漢字語를 쓰시오.

85.	財團 : ( ) 마름질.
86.	乘務 : ( ) 불교적 색채가 짙은 민속무용.
87.	年金 : ( ) 가벼운 감금.
88.	古巢 : ( ) 수사기관에 범인의 소추를 요구함.
89.	沙器 : ( ) 남을 속임.

※다음 漢字의 部首를 쓰시오.

90.	冀( )	91.	晃( )	92.	襄( )
93.	魏( )	94.	豫( )		

※다음 밑줄 친 漢字語를 漢字 正字로 쓰시오.

극기 복례(95)는 사리 사욕(96)을 이겨서 예로 돌아간다는 뜻이다. 사욕을 극복하여 예를 실행하는 것이 仁을 행하는 것이다. 仁을 하루 행하면 천하가 仁으로 복귀된다는 것은 지도(97)자의 위치(98)에서 단 하루를 극기복례 하면 만민이 仁에 감화(99)한다는 뜻이다. 극기는 인간의 도덕생활의 시발(100)점이다. 먼저 사욕 사심의 노예(101)가 되지 않아야만 집착(102)에서 해방되며 진정(103)한 의미(104)의 자유(105)는 사욕의 극복에서 시작한다. 그러므로 극기는 구속(106)이 아니라 해방이며, 억제(107)가 아니라 자유이며, 평범(108)이 아니라 초월(109)인 것이다. 사욕의 자유를 이기고 보다 큰 도덕적 자유를 얻는 길이 극기다. 예는 사회적 약속으로 개인의 동물적 사심, 사욕을 억제하는 규율(110)이므로 먼저 극기가 있어야 예의 실천이 가능(111)한 것이다.

나라를 다스리는데 있어서 물질(112)이냐? 정신(113)이냐? 하는 문제에 대하여 공자는 다음과 같이 견해를 표명(114)했다. 정치는 민생문제와 국방문제가 가장 중요하다. 백성이 식생활이 풍족(115)하고, 군비(116)가 튼튼하면 안정된 환경(117)에서 매사에 신의의 덕을 갖추게 된다. 국가에 대한 信, 위정자(118)에 대한 信, 국민 상호(119)간의 信, 그리고 무엇보다도 생활의 안정에서 얻을 수 있는 내일을 기대(120)하는 생업에의 信, 이러한 자신과 신의와 성실이 백성을 다스림에 있어서 정치의 정신적 기반(121)이 된다. 고 공자가 말한 것이다. 부득이한 사정(122)이나 위기(123)에 처하여 다른 것을 희생하고 하나만 선택(124)한다면 어느 것이냐고 제자들이 물었다. 군비도 백성을 살리기 위한 것인데 공자는 군비를 버리라고 했다. <論語 顔淵篇에서>

95. 복례 (　　　) 96. 사욕 (　　　)
97. 지도 (　　　) 98. 위치 (　　　)
99. 감화 (　　　) 100. 시발 (　　　)
101. 노예 (　　　) 102. 집착 (　　　)
103. 진정 (　　　) 104. 의미 (　　　)
105. 자유 (　　　) 106. 구속 (　　　)
107. 억제 (　　　) 108. 평범 (　　　)
109. 초월 (　　　) 110. 규율 (　　　)
111. 가능 (　　　) 112. 물질 (　　　)
113. 정신 (　　　) 114. 표명 (　　　)
115. 풍족 (　　　) 116. 군비 (　　　)
117. 환경 (　　　) 118. 위정자 (　　　)
119. 상호 (　　　) 120. 기대 (　　　)
121. 기반 (　　　) 122. 사정 (　　　)
123. 위기 (　　　) 124. 선택 (　　　)

※99~124번 안에서 長音 5개를 찾아 번호를 쓰시오.

125. (　　　) 126. (　　　) 127. (　　　)
128. (　　　) 129. (　　　)

※한글을 漢字로 써 넣어 故事成語를 完成하시오.

130. (환)(골)奪胎 131. (영)枯(성)衰
132. (천)(의)無縫 133. (오)飛(이)落
134. (운)(우)之情 135. (언)敢(생)心
136. (탐)(관)汚吏 137. (어)魯(불)辨
138. (유)(취)萬年 139. (덕)必(유)隣

※다음 뜻에 맞는 故事成語를 쓰시오.

140. 효도를 다하지 못한 채 어버이를 여읜 자식의 슬픔.
……… (　　　)
141. 지난 허물을 고치고 착하게 됨.
……… (　　　)
142. 고생 끝에 낙이 옴(쓴 것이 다하면 단 것이 옴)
……… (　　　)

※다음 漢字語의 뜻을 쓰시오.

143. 辭讓 : (　　　)
144. 潤澤 : (　　　)
145. 露出 : (　　　)
146. 幻影 : (　　　)
147. 老鍊 : (　　　)

※다음 漢字의 略字를 쓰시오.

148. 齒 (　　) 漆 (　　)
149. 稱 (　　) 恥 (　　)
150. 長 (　　) 陰 (　　)

105점 이상 합격!
150

第16回 한자능력검정시험 2級

(시험시간 : 60분)

※다음 漢字語의 讀音을 쓰시오.

1. 欽遵( )
2. 妖幻( )
3. 鮑尺( )
4. 丕祚( )
5. 窒息( )
6. 舒卷( )
7. 甸役( )
8. 滋養( )
9. 杆菌( )
10. 扁桃( )
11. 潭淵( )
12. 旌蓋( )
13. 礪行( )
14. 毓育( )
15. 蠻貊( )
16. 傀然( )
17. 徽績( )
18. 丕輔( )
19. 兌換( )
20. 赦罪( )
21. 沮抑( )
22. 蟾眼( )
23. 柯葉( )
24. 后稷( )
25. 惇勸( )
26. 皐鼓( )
27. 亮察( )
28. 揷架( )
29. 覓得( )
30. 匪賊( )
31. 弁免( )
32. 瓜葛( )
33. 阪泉( )
34. 謬論( )
35. 琢磨( )
36. 庠序( )
37. 雉尾( )
38. 獐皮( )
39. 岡阜( )
40. 瞻仰( )
41. 戴冠( )
42. 繕閨( )
43. 蓬髮( )
44. 僻壤( )
45. 繕寫( )

※다음 漢字의 訓과 音을 쓰시오.

46. 珏( )
47. 唆( )
48. 烋( )
49. 彬( )
50. 燉( )
51. 璿( )
52. 藍( )
53. 姚( )
54. 縫( )
55. 頊( )
56. 敞( )
57. 滉( )
58. 峙( )
59. 雎( )
60. 塘( )
61. 瑛( )
62. 雇( )
63. 倻( )
64. 渤( )
65. 昺( )
66. 尼( )
67. 楞( )
68. [illegible]( )
69. 悳( )
70. 怡( )
71. 耽( )
72. 噫( )

※다음 제시된 訓音에 맞는 漢字를 쓰시오.

73. 빠질 몰 - 물리칠각 [ ]
74. 하늘 건 - 땅 곤 [ ]
75. 밟을 답 - 밟을 천 [ ]
76. 줄기 맥 - 이을 락 [ ]
77. 거만할오 - 거만할만 [ ]
78. 무릅쓸모 - 험할 험 [ ]
79. 병풍 병 - 바람 풍 [ ]
80. 조 속 - 쌀 미 [ ]

※다음 ( )안에 한자를 써서 성어를 완성하시오.

81. ( )( )之馬
82. 桑田( )( )
83. ( )( )自重
84. 擧案( )( )
85. ( )( )夢死

※다음 漢字의 部首를 쓰시오.

86. 鷗( )
87. 集( )
88. 戚( )
89. 霧( )
90. 益( )

※다음 한글은 漢字正字로, 漢字는 한글로 쓰시오.

▷만인이 자유와 풍요를 향유(91) 하는 사회에서 물질(92)도 풍부하지만 그 가운데서도 절약은 해야 한다.
▷西歐(93)사람들은 사르트르의 실존주의에 경도(94)한 경우가 많다.
▷경제적 · 사회적 · 문화적으로 낙후(95)되다.
▷파손(96)된 물건을 洗濯(97)하고 복구(98)하여 응분(99)의 보상을 받다.
▷우려하는 여론을 감수(100)하고 오염(101)된 청계천을 살려내다.
▷어른을 섬기는 인식(102)은 유교사상의 효에 근간(103)을 두고 있다.

91. 향유 (　　) 92. 물질 (　　)
93. 西歐 (　　) 94. 경도 (　　)
95. 낙후 (　　) 96. 파손 (　　)
97. 洗濯 (　　) 98. 복구 (　　)
99. 응분 (　　) 100. 감수 (　　)
101. 오염 (　　) 102. 인식 (　　)
103. 근간 (　　)

※위 91~103번중 첫소리가 장음인 것을 5개 고르시오.

104. (　　) 105. (　　) 106. (　　)
107. (　　) 108. (　　)

※다음 (　)안에 들어갈 글자는 무엇입니까?

'滑'이라는 글자는 '(109)활'이라고도 하고,
'익살스러울(110)'이라고도 한다.

109. (　　) 110. (　　)

※다음 뜻에 맞는 漢字語를 쓰시오.

111. 불순한 무리(도당) ………………… (　　)
112. 외워서 읊다(송영) ………………… (　　)
113. 멀리 떨어진 섬(원도) ………… (　　)
114. 짐작하여 헤아리다(작량) ……… (　　)
115. 보물을 보관하는 궁전(보전) …… (　　)

※다음 反對字를 써서 단어를 완성하시오.

116. (　　) - 銳 117. 伸 - (　　)
118. (　　) - 速 119. 勤 - (　　)
120. (　　) - 急 121. 動 - (　　)
122. (　　) - 續 123. 厚 - (　　)
124. (　　) - 衰 125. 深 - (　　)

※다음 類義字를 써서 단어를 완성하시오.

126. (　　) - 舶 127. 超 - (　　)
128. (　　) - 端 129. 纖 - (　　)
130. (　　) - 餓 131. 勉 - (　　)
132. (　　) - 減 133. 詐 - (　　)
134. (　　) - 客 135. 返 - (　　)

※다음 音과 뜻에 맞는 漢字語를 쓰시오.

136. 僞史 : (　　) 훌륭한 말.
137. 更張 : (　　) 가벼운 차림.
138. 相國 : (　　) 서리에 핀 국화.
139. 毛面 : (　　) 겨우 위기를 면함.
140. 同人 : (　　) 구리로 만든 도장.

※다음 뜻에 맞는 四字成語를 쓰시오.

141. 점점 깊이 빠져듦.
………………… (　　)
142. 처지를 바꾸어 생각함.
………………… (　　)
143. 뱀의 그림에 발을 더함.
………………… (　　)
144. 은인을 배신하고 덕을 잃어버림.
………………… (　　)
145. 취할 것을 취하고 버릴 것은 버림.
………………… (　　)

※다음 漢字의 略字를 쓰시오.

146. 擴 (　　) 147. 擔 (　　) 148. 龍 (　　)
149. 濕 (　　) 150. 肅 (　　)

성명 [ ]

4級 ▷중간점검용◁

정답 p68

①	②	③	④	⑤
겨를 가 ( )	경계할계 ( )	고를 균 ( )	누이 매 ( )	사사 사 ( )
깨달을각 ( )	계절 계 ( )	심할 극 ( )	힘쓸 면 ( )	실 사 ( )
새길 각 ( )	닭 계 ( )	부지런할근 ( )	울 명 ( )	쏠 사 ( )
간략할간 ( )	섬돌 계 ( )	힘줄 근 ( )	본뜰 모 ( )	흩을 산 ( )
방패 간 ( )	이어맬계 ( )	기특할기 ( )	묘할 묘 ( )	다칠 상 ( )
볼 간 ( )	이을 계 ( )	벼리 기 ( )	무덤 묘 ( )	코끼리상 ( )
감히 감 ( )	곳집 고 ( )	부칠 기 ( )	춤출 무 ( )	베풀 선 ( )
달 감 ( )	외로울고 ( )	틀 기 ( )	칠 박 ( )	혀 설 ( )
갑옷 갑 ( )	곡식 곡 ( )	들일 납 ( )	터럭 발 ( )	붙일 속 ( )
내릴 강 항복할항 ( )	곤할 곤 ( )	층계 단 ( )	방해할방 ( )	덜 손 ( )
다시 갱 고칠 경 ( )	뼈 골 ( )	도둑 도 ( )	범할 범 ( )	소나무송 ( )
근거 거 ( )	칠 공 ( )	도망할도 ( )	법 범 ( )	칭송할송 ( )
막을 거 ( )	구멍 공 ( )	무리 도 ( )	말씀 변 ( )	빼어날수 ( )
살 거 ( )	대롱 관 ( )	알 란 ( )	넓을 보 ( )	아재비숙 ( )
클 거 ( )	쇳돌 광 ( )	어지러울란 ( )	겹칠 복 ( )	엄숙할숙 ( )
뛰어날걸 ( )	얽을 구 ( )	볼 람 ( )	엎드릴복 ( )	높을 숭 ( )
검소할검 ( )	무리 군 ( )	간략할략 ( )	아닐 부 막힐 비 ( )	각씨 씨 ( )
격할 격 ( )	임금 군 ( )	양식 량 ( )	질 부 ( )	이마 액 ( )
칠 격 ( )	굽힐 굴 ( )	생각할려 ( )	가루 분 ( )	모양 양 ( )
개 견 ( )	다할 궁 ( )	매울 렬 ( )	분할 분 ( )	엄할 엄 ( )
굳을 견 ( )	권할 권 ( )	용 룡 ( )	비석 비 ( )	더불 여 ( )
거울 경 ( )	문서 권 ( )	버들 류 ( )	비평할비 ( )	바꿀 역 쉬울 이 ( )
기울 경 ( )	책 권 ( )	바퀴 륜 ( )	숨길 비 ( )	지경 역 ( )
놀랄 경 ( )	돌아갈귀 ( )	떠날 리 ( )	말씀 사 ( )	납 연 ( )

⑥	⑦	⑧	⑨	⑩
늘일 연 (　　)	다를 이 (　　)	고요할정 (　　)	관청 청 (　　)	불터질폭 (　　)
인연 연 (　　)	어질 인 (　　)	장정 정 (　　)	들을 청 (　　)	표할 표 (　　)
탈 연 (　　)	모양 자 (　　)	임금 제 (　　)	부를 초 (　　)	피곤할피 (　　)
경영할영 (　　)	손위누이자 (　　)	가지 조 (　　)	밀 추 (　　)	피할 피 (　　)
맞을 영 (　　)	재물 자 (　　)	조수 조 (　　)	줄일 축 (　　)	한 한 (　　)
비칠 영 (　　)	남을 잔 (　　)	짤 조 (　　)	나아갈취 (　　)	한가할한 (　　)
미리 예 (　　)	섞일 잡 (　　)	있을 존 (　　)	뜻 취 (　　)	겨룰 항 (　　)
넉넉할우 (　　)	꾸밀 장 (　　)	쇠북 종 (　　)	층 층 (　　)	씨 핵 (　　)
만날 우 (　　)	베풀 장 (　　)	좇을 종 (　　)	바늘 침 (　　)	법 헌 (　　)
우편 우 (　　)	장려할장 (　　)	자리 좌 (　　)	잘 침 (　　)	험할 험 (　　)
근원 원 (　　)	장막 장 (　　)	두루 주 (　　)	일컬을칭 (　　)	가죽 혁 (　　)
도울 원 (　　)	장할 장 (　　)	붉을 주 (　　)	탄식할탄 (　　)	나타날현 (　　)
원망할원 (　　)	창자 장 (　　)	술 주 (　　)	탄알 탄 (　　)	형벌 형 (　　)
맡길 위 (　　)	밑 저 (　　)	증거 증 (　　)	벗을 탈 (　　)	혹 혹 (　　)
에워쌀위 (　　)	길쌈 적 (　　)	가질 지 (　　)	찾을 탐 (　　)	섞을 혼 (　　)
위로할위 (　　)	도둑 적 (　　)	기록할지 (　　)	가릴 택 (　　)	혼인할혼 (　　)
위엄 위 (　　)	맞을 적 (　　)	지혜 지 (　　)	칠 토 (　　)	붉을 홍 (　　)
위태할위 (　　)	문서 적 (　　)	짤 직 (　　)	아플 통 (　　)	빛날 화 (　　)
남길 유 (　　)	쌓을 적 (　　)	다할 진 (　　)	던질 투 (　　)	고리 환 (　　)
놀 유 (　　)	구를 전 (　　)	보배 진 (　　)	싸움 투 (　　)	기쁠 환 (　　)
선비 유 (　　)	돈 전 (　　)	진칠 진 (　　)	갈래 파 (　　)	상황 황 (　　)
젖 유 (　　)	오로지전 (　　)	다를 차 (　　)	판단할판 (　　)	재 회 (　　)
숨을 은 (　　)	꺾을 절 (　　)	기릴 찬 (　　)	책 편 (　　)	기후 후 (　　)
거동 의 (　　)	점 점 (　　)	캘 채 (　　)	평할 평 (　　)	두터울후 (　　)
의심할의 (　　)	점령할점 (　　)	책 책 (　　)	닫을 폐 (　　)	휘두를휘 (　　)
의지할의 (　　)	가지런할정 (　　)	샘 천 (　　)	세포 포 (　　)	기쁠 희 (　　)

第17回 한자능력검정시험 2級

(시험시간 : 60분)

※다음 漢字語의 讀音을 쓰시오.

1.	爛熟 ( )	2.	鼎銘 ( )
3.	謄錄 ( )	4.	濫獲 ( )
5.	亮察 ( )	6.	懇曲 ( )
7.	激勵 ( )	8.	涉獵 ( )
9.	肝膽 ( )	10.	紹述 ( )
11.	雇傭 ( )	12.	賤隷 ( )
13.	硯滴 ( )	14.	俊傑 ( )
15.	愚弄 ( )	16.	誤謬 ( )
17.	魔窟 ( )	18.	茂盛 ( )
19.	八佾 ( )	20.	干戈 ( )
21.	慈惠 ( )	22.	旌旗 ( )
23.	焦燥 ( )	24.	悲憾 ( )
25.	葛藤 ( )	26.	奉戴 ( )
27.	聰敏 ( )	28.	纖細 ( )
29.	拉致 ( )	30.	揭載 ( )
31.	駐留 ( )	32.	耽樂 ( )
33.	商圈 ( )	34.	贈呈 ( )
35.	閨怨 ( )	36.	棋盤 ( )
37.	溺沒 ( )	38.	鍛鍊 ( )
39.	哀悼 ( )	40.	裸體 ( )

※다음 漢字의 訓과 音을 쓰시오.

41.	塘 ( )	42.	惹 ( )
43.	貰 ( )	44.	僑 ( )
45.	鈞 ( )	46.	姸 ( )
47.	巢 ( )	48.	購 ( )
49.	崗 ( )	50.	繕 ( )
51.	傀 ( )	52.	潭 ( )
53.	鴨 ( )	54.	燮 ( )
55.	凝 ( )		

※다음 밑줄 친 漢字語를 漢字로 쓰시오.

56. 언론은 <u>편파</u> 보도를 하면 안된다. .... ( )

57. 한복의 자태를 외국인에게 <u>과시</u>하다. .... ( )

58. 옛 일을 <u>고려</u>해 보면 후회막급이다. .... ( )

59. 어른을 대할대는 <u>공경</u>하는 마음으로 한다. .... ( )

60. 전통의 단순한 <u>답습</u>은 지양하자. .... ( )

61. 임금이 후궁에게 <u>봉작</u>하다. .... ( )

62. 우승을 위해 힘찬 <u>도약</u>을 하자. .... ( )

63. 그녀는 신앙심이 <u>돈독</u>하다. .... ( )

64. 쓸 말이 없어 <u>공란</u>으로 비워두었다. .... ( )

65. 국학자들은 민족의식 <u>고취</u>에 온 힘을 기울였다 .... ( )

66. 아관<u>파천</u>은 고종 황제가 러시아 공사관으로 옮겨서 거처한 사건 .... ( )

67. 새로 시작하는 사업의 <u>형통</u>을 기원합니다. .... ( )

※다음 漢字의 部首를 쓰시오.

68. 栗 ( )	69. 妄 ( )	70. 秉 ( )
71. 賓 ( )	72. 衍 ( )	

※다음 漢字의 略字를 쓰시오.

73. 觀 ( )	74. 龍 ( )	75. 聯 ( )

※다음 비슷한자로 結合된 단어를 다섯만 쓰시오.

①高卑 ②懇誠 ③方圓 ④告白 ⑤還拂
⑥除煩 ⑦低價 ⑧祥瑞 ⑨聚集 ⑩削減

76. ( )	77. ( )	78. ( )
79. ( )	80. ( )	

※다음 反對字를 써서 단어를 완성하시오.

81. 甘 - ( )	82. 呼 - ( )
83. 雌 - ( )	84. 眞 - ( )
85. 榮 - ( )	86. 柔軟-( )
87. 破壞-( )	88. 斬新-( )
89. 差別-( )	90. 親近-( )

※다음 한글은 漢字正字로, 漢字는 한글로 쓰시오.

Ⅰ.世宗(가)은 백성(나)에게 국자를 賦與(다)하고 韻書(라)를 飜譯(마)하여 混亂(바)에 빠진 한자음을 整理(사)코자 하였다.
Ⅱ.工場(아) 賣渡(자) 작업이 霧散(차)되어 債權(카)단은 精密(타) 診斷(파)을 검토 중이다.
Ⅲ.법원은 시위(91)를 주도(92)한 혐의(93)로 신청한 구속(94) 영장(95)을 기각(96)하였다.
Ⅳ.재능이 탁월(97)한 演奏(98)자끼리 개최(99)한 모임에서 기획(100)자에 대한 비판(101)이 홍수(102)처럼 쏟아지는데 희소(103)하나마 擁護(104)者도 있었다.
Ⅴ.초과(105) 가계 대출은 주택 투자(106)를 魅惑(107)적으로 만드는데 공헌(108)했으나 경제 발전을 沮害(109)하고 지체(110)시키기도 했다.
Ⅵ.유네스코는 강대국의 무력 침탈(111)과 약소국의 문화재 搬出(112)까지 유출문화재에 포함(113)시킨다.
Ⅶ.15세기 초에 주조(114)된 한글 을해(115)자 금속(116) 활자가 처음으로 확인됐다. 각종 책을 인쇄(117)하는데 사용한 갑인(118)자와 계미(119)자는 남아 있지 않다.
Ⅷ.우리 앞에 닥친 도전(120)은 우리가 손잡고 예방(121)해야만 극복(122)할 수 있다. 지구적 재앙(123)은 아집(124)과 오만(125)을 청산해야 막을 수 있다.

91. 시위 ( ) 92. 주도 ( )
93. 혐의 ( ) 94. 구속 ( )
95. 영장 ( ) 96. 기각 ( )
97. 탁월 ( ) 98. 演奏 ( )
99. 개최 ( ) 100. 기획 ( )
101. 비판 ( ) 102. 홍수 ( )
103. 희소 ( ) 104. 擁護 ( )
105. 초과 ( ) 106. 투자 ( )
107. 魅惑 ( ) 108. 공헌 ( )
109. 沮害 ( ) 110. 지체 ( )
111. 침탈 ( ) 112. 搬出 ( )
113. 포함 ( ) 114. 주조 ( )
115. 을해 ( ) 116. 금속 ( )
117. 인쇄 ( ) 118. 갑인 ( )
119. 계미 ( ) 120. 도전 ( )
121. 예방 ( ) 122. 극복 ( )
123. 재앙 ( ) 124. 아집 ( )
125. 오만 ( )

※위 Ⅰ,Ⅱ의 (가)~(파)중 첫소리가 장음이 아닌 것을 고르시오.

126. ( ) 127. ( ) 128. ( )
129. ( ) 130. ( )

※다음 同音異義語의 설명에 맞는 漢字語를 쓰시오.

131. 懸軍 : ( ) 어진 임금.
132. 製紙 : ( ) 말려서 못하게 함.
133. 縱轉 : ( ) 이전부터의 그대로.
134. 推問 : ( ) 아름답지 못한 소문.
135. 油脂 : ( ) 죽은 사람의 생전의 뜻.

※다음 뜻을 참고하여 四字成語를 완성하시오.

136. 부부 사이가 다정함.
…………………… ( )瑟( )和
137. 권세를 마음대로 함.
…………………… ( )鹿( )馬
138. 간사한 꾀로 남을 속임.
…………………… ( )三( )四
139. 강자를 누르고 약자를 도움.
…………………… ( )強扶( )
140. 간단한 것도 모르는 까막눈.
…………………… ( )魯不( )
141. 처자가 있고 사람은 거기에 얽매여 자유롭게 행동할 수 없음.
…………………… ( )城子( )
142. 서로 꼭 필요한 깊은 관계.
…………………… 脣( )輔( )
143. 뻔뻔스러워 부끄럼이 없음.
…………………… 厚( )無( )
144. 책을 열심히 읽음.
…………………… 韋( )三( )
145. 밑천이 넉넉하면 장사가 잘 됨.
…………………… 多( )( )賈

※다음 漢字語의 뜻을 쓰시오.

146. 惟獨 : ( )
147. 恣行 : ( )
148. 彫琢 : ( )
149. 兢懼 : ( )
150. 窒礙 : ( )

성명 [ ]

第18回 한자능력검정시험 2級

(시험시간 : 60분)

※다음 漢字語의 讀音을 쓰시오.

1. 欽遵 ( )
2. 霸權 ( )
3. 雉尾 ( )
4. 兢懼 ( )
5. 醴泉 ( )
6. 敦睦 ( )
7. 瑞兆 ( )
8. 紡績 ( )
9. 滑降 ( )
10. 罷散 ( )
11. 琢磨 ( )
12. 諜報 ( )
13. 敷衍 ( )
14. 琴瑟 ( )
15. 矛盾 ( )
16. 闕逢 ( )
17. 酷暑 ( )
18. 耽溺 ( )
19. 哨戒 ( )
20. 坑殺 ( )
21. 腎臟 ( )
22. 沮止 ( )
23. 亢龍 ( )
24. 傭員 ( )
25. 賠償 ( )
26. 纖細 ( )
27. 沖積 ( )
28. 鬱寂 ( )
29. 傘下 ( )
30. 聘丈 ( )
31. 哀悼 ( )
32. 膽弱 ( )
33. 釣臺 ( )
34. 恕諒 ( )
35. 奔走 ( )
36. 丹誠 ( )
37. 濃淡 ( )
38. 款項 ( )
39. 播種 ( )
40. 妥當 ( )
41. 僻巷 ( )
42. 杆太 ( )
43. 畏怖 ( )
44. 遮蔽 ( )
45. 潛影 ( )

※다음 漢字의 訓과 音을 쓰시오.

46. 熹 ( )
47. 皐 ( )
48. 杓 ( )
49. 鄒 ( )
50. 芸 ( )
51. 峙 ( )
52. 庠 ( )
53. 湍 ( )
54. 昻 ( )
55. 璇 ( )
56. 頗 ( )
57. 刃 ( )
58. 礪 ( )
59. 濂 ( )
60. 崗 ( )
61. 娩 ( )
62. 巢 ( )
63. 稙 ( )
64. 硯 ( )
65. 揷 ( )
66. 遼 ( )
67. 傀 ( )
68. 籠 ( )
69. 晟 ( )
70. 悽 ( )
71. 紳 ( )
72. 硫 ( )

※다음 제시된 訓音에 맞는 漢字를 쓰시오.

73. 깨뜨릴파 – 무너질괴 [ ]
74. 부끄러울치 – 욕될 욕 [ ]
75. 높을 숭 – 우러를앙 [ ]
76. 졸할 졸 – 원고 고 [ ]
77. 밀칠 배 – 물리칠척 [ ]
78. 빌릴 대 – 빌 차 [ ]
79. 빚 채 – 힘쓸 무 [ ]
80. 물따라갈연 – 언덕 안 [ ]

※다음 ( )안에 漢字로 써서 완성하시오.

81. 泥田( )( )
82. ( )( )爲福
83. 興亡( )( )
84. ( )( )齊眉
85. 同病( )( )

※다음 漢字의 部首를 쓰시오.

86. 鴻 ( )
87. 額 ( )
88. 雜 ( )
89. 隆 ( )
90. 貢 ( )

※다음 한글은 漢字正字로, 漢字는 한글로 쓰시오.

(가) 주지(91)하는 바와 같이 한국어 어휘의 양대 산맥(92)은 고유어(93)와 漢字語인데, 이 두 요소가 놀라울 정도로 絶妙(94)한 조화(95)를 이루고 있다. 감각어(96), 상징어(97), 위상어(특히 존비어)가 세계 최고로 발달한 고유어는 地上의 어떤 언어도 따르지 못할 만큼 精密(98)한 감정 묘사를 가능하게 해 준다. 반면에 고유어의 큰 缺陷(99)이 되는 개념(100)과 논리성의 부족을 한자어가 대신 메워주고 있다. 이 두 날개가 서로 補完함으로써 지적 표현과 情的 묘사를 완벽하게 수행하고 있는 것이다. 東西洋의 어느 언어도 이처럼 조화로운 것은 없다.

(나) '龜'字는 "거북[ ](101)"와 "거북[ ](102)", 그리고 "[ ](103)균"으로 읽히는 글자요, '狀'字는 "형상[ ](104)"과 "[ ](105)장"으로 읽히는 一字多音字이다.

91. 주지 ( )　92. 산맥 ( )
93. 고유어 ( )　94. 絶妙 ( )
95. 조화 ( )　96. 감각어 ( )
97. 상징어 ( )　98. 精密 ( )
99. 缺陷 ( )　100. 개념 ( )
101. ( )　102. ( )
103. ( )　104. ( )
105. ( )

※다음 첫소리가 長音인 것을 고르시오.

106. ( ): ①單語 ②斷言 ③段階 ④檀君
107. ( ): ①煙氣 ②燃燒 ③研究 ④連結
108. ( ): ①問答 ②文章 ③紋石 ④門前
109. ( ): ①純度 ②循環 ③瞬間 ④順理
110. ( ): ①數學 ②手足 ③需要 ④隨行

※다음 ( )속의 단어를 漢字로 쓰시오.

111. (사귀) 요사스러운 귀신 ………… ( )
112. (방부) 썩지 못하게 함 ………… ( )
113. (미수) 잠시 눈을 붙임 ………… ( )
114. (심사) 자세히 조사함 …………… ( )
115. (운항) 배・항공기에 화물・여객 등을 싣고 항행함 ………… ( )

※다음 反對字를 써서 단어를 완성하시오.

116. 賞 - ( )　117. ( ) - 負
118. 朝 - ( )　119. ( ) - 削
120. 緩 - ( )　121. ( ) - 落
122. 尊 - ( )　123. ( ) - 怠
124. 美 - ( )　125. ( ) - 淺

※다음 類義字를 써서 단어를 완성하시오.

126. 抑 - ( )　127. ( ) - 踏
128. 傲 - ( )　129. ( ) - 越
130. 尖 - ( )　131. ( ) - 識
132. 飢 - ( )　133. ( ) - 欺
134. 賓 - ( )　135. ( ) - 黨

※다음 音과 뜻에 맞는 同音異義語를 쓰시오.

136. 玉成 : ( ) 성처럼 높이 둘러 싸여 있는 감옥.
137. 驛名 : ( ) 임금이나 윗사람의 명령을 어김.
138. 富裕 : ( ) 이리저리 떠다님.
139. 四果 : ( ) 잘못에 대하여 용서를 빎.
140. 公格 : ( ) 적을 침.

※다음에 提示된 뜻을 지닌 四字成語가 完成되도록 ( )속의 말을 漢字로 쓰시오.

141. (초지)一貫 : 처음 생각을 바꾸지 않음. ……………… ( )
142. 克己(복례) : 과도한 욕망을 누르고 예절을 좇도록 함. ……………… ( )
143. (도탄)之苦 : 진구렁에 빠지고 불에 타는 듯한 극도의 곤궁함. ……………… ( )
144. 拔本(색원) : 폐단의 근원을 아주 뽑아서 없애버림. ……………… ( )
145. (환골)奪胎 : 딴사람이 된 듯이 용모가 환하게 트이어 아름다워짐. ……………… ( )

※다음 略字는 正字로, 正字는 略字로 바꾸어 쓰시오.

146. 抜 ( )　147. 鹽 ( )　148. 欢 ( )
149. 麥 ( )　150. 猟 ( )

성명 [ ]

第19回 한자능력검정시험 2級

(시험시간 : 60분)

※다음 漢字語의 讀音을 쓰시오.

1. 欄杆 ( )
2. 妖怪 ( )
3. 閨範 ( )
4. 邊疆 ( )
5. 歸趨 ( )
6. 侮蔑 ( )
7. 雇傭 ( )
8. 銘菓 ( )
9. 瓜菜 ( )
10. 借款 ( )
11. 僑胞 ( )
12. 購販 ( )
13. 杏檀 ( )
14. 魔窟 ( )
15. 盜掘 ( )
16. 闕席 ( )
17. 耆蒙 ( )
18. 冀望 ( )
19. 肝膽 ( )
20. 停頓 ( )
21. 悲悼 ( )
22. 燦爛 ( )
23. 甘藍 ( )
24. 拉致 ( )
25. 煉獄 ( )
26. 籠絡 ( )
27. 診療 ( )
28. 娩痛 ( )
29. 魅惑 ( )
30. 脫帽 ( )
31. 和穆 ( )
32. 紊亂 ( )
33. 祥瑞 ( )
34. 搬移 ( )
35. 賠償 ( )
36. 財閥 ( )
37. 偏僻 ( )
38. 秉燭 ( )
39. 輔翊 ( )
40. 裁縫 ( )
41. 祿俸 ( )
42. 敷衍 ( )
43. 泌尿 ( )
44. 寬赦 ( )
45. 辛酸 ( )

※위 1~20번중 첫소리가 장음인 것을 차례로 쓰시오.

46. ( ) 47. ( ) 48. ( )
49. ( ) 50. ( )

※다음 漢字의 訓과 音을 쓰시오.

51. 蓬 ( )
52. 箱 ( )
53. 傅 ( )
54. 彦 ( )
55. 芬 ( )
56. 甸 ( )
57. 昆 ( )
58. 飼 ( )
59. 釜 ( )
60. 燮 ( )
61. 襄 ( )
62. 阜 ( )
63. 盈 ( )
64. 沮 ( )
65. 鵬 ( )
66. 偵 ( )
67. 彫 ( )
68. 匪 ( )
69. 唆 ( )
70. 駐 ( )
71. 峻 ( )
72. 斬 ( )

※다음 밑줄 친 漢字語를 漢字로 쓰시오.

73. 심판의 오심에 많은 사람들이 <u>분개</u>를 하였다.
……………………………… ( )

74. 우리는 선생님의 <u>강녕</u>과 무병장수를 축원하였다.
……………………………… ( )

75. 화가 나서 <u>둔기</u>를 휘두르다가 경찰에 붙잡혔다.
……………………………… ( )

76. 달이 지구를 한 바퀴 도는 시간을 기준으로 만든 <u>음력</u>.
……………………………… ( )

77. 신제품을 내놓을 때 <u>면밀</u>한 계획하에 광고를 실시한다.
……………………………… ( )

※다음 뜻을 참고하여 故事成語를 완성하시오.

78. 쓸데없는 일을 함 : 畫( )添( )
79. 남편이 주장하고 아내가 따름 : 夫( )婦( )
80. 기일을 자꾸 미룸 : ( )日( )日
81. 수많은 백성 : 億( )( )生
82. 어리석게 한 가지 일에만 얽매임 : 守( )待( )
83. 인물을 선택하는 네 가지 조건 : ( )言書( )
84. 경솔한 행동 : 輕( )( )動
85. 나쁜 사람에 물든다 : 近( )者( )
86. 기세가 대단함 : 氣( )萬( )
87. 사방으로 바삐 돌아다님 : 東( )西( )

※다음 밑줄 친 漢字語의 漢字 正字를 쓰시오.

▷저명(88)한 율곡(89) 선생은 학문과 실제(90) 정치(91)의 현격(92)한 괴리를 직시(93)하고 사회의 개혁(94)이나 악폐(95)의 교정(96)에 관한 방책(97)을 상소(98)문 등을 통해 개진(99)하기도 하였다.
▷한국 지역(100) 난방(101)공사 등 3개 공기업(102)은 공공기관(103) 운영(104)위원회에서 상장 추진(105)을 계속(106) 검토하기로 했다.
▷은행들이 주택 담보(107) 대출 금리를 기금 출연(捐)금 비율(108)에 따라 조정(109)하고 있다.
▷지진 피해(110)로 대규모(111) 공장이 조업을 중단하고 복구(112)가 늦어짐에 따라 제품 공급(113)도 지연(114)되었다.
▷각박(115)한 세태(116) 아래에서도 상호간에 돈목(117)을 증진시키고 있다.

88. 저명 (　　) 89. 율곡 (　　)
90. 실제 (　　) 91. 정치 (　　)
92. 현격 (　　) 93. 직시 (　　)
94. 개혁 (　　) 95. 악폐 (　　)
96. 교정 (　　) 97. 방책 (　　)
98. 상소 (　　) 99. 개진 (　　)
100. 지역 (　　) 101. 난방 (　　)
102. 기업 (　　) 103. 기관 (　　)
104. 운영 (　　) 105. 추진 (　　)
106. 계속 (　　) 107. 담보 (　　)
108. 비율 (　　) 109. 조정 (　　)
110. 피해 (　　) 111. 규모 (　　)
112. 복구 (　　) 113. 공급 (　　)
114. 지연 (　　) 115. 각박 (　　)
116. 세태 (　　) 117. 돈목 (　　)

※다음 反對字를 漢字로 쓰시오.

118. 陟 - (　　) 119. 皓 - (　　)
120. 諮 - (　　) 121. 綜 - (　　)
122. 敏 - (　　) 123. 稚拙-(　　)
124. 拒絶-(　　) 125. 擴大-(　　)
126. 飽食-(　　) 127. 鎭靜-(　　)

※다음 類義字를 漢字로 쓰시오.

128. 彊 - (　　) 129. 穩 - (　　)
130. 乾 - (　　) 131. 碩 - (　　)
132. 欽 - (　　)

※다음 音과 뜻에 맞는 漢字語를 쓰시오.

133. 無障 : (　　) 전투를 할 목적으로 장비를 함.
134. 受傷 : (　　) 상을 줌.
135. 貢稅 : (　　) 공격하는 태세.
136. 眉宇 : (　　) 보슬보슬 내리는 가는 비.
137. 逐條 : (　　) 다지고 쌓아서 만들다.

※다음 漢字語의 뜻을 쓰시오.

138. 繩索 : (　　)
139. 鄕信 : (　　)
140. 掌握 : (　　)
141. 塵埃 : (　　)
142. 沃土 : (　　)

※다음 漢字의 略字를 쓰시오.

143. 蓋 (　　) 144. 戀 (　　) 145. 藝 (　　)

※다음 漢字의 部首를 쓰시오.

146. 垂 (　　) 147. 劣 (　　) 148. 芳 (　　)
149. 齊 (　　) 150. 歪 (　　)

第20回 한자능력검정시험 2級

(시험시간 : 60분)

※다음 漢字語의 讀音을 쓰시오.

1. 吸煙 ( )
2. 廢貨 ( )
3. 琢磨 ( )
4. 牽引 ( )
5. 款項 ( )
6. 利尿 ( )
7. 膽液 ( )
8. 濫伐 ( )
9. 網膜 ( )
10. 礙眼 ( )
11. 腎臟 ( )
12. 妖怪 ( )
13. 辛酸 ( )
14. 紡績 ( )
15. 痲醉 ( )
16. 飼養 ( )
17. 紹介 ( )
18. 瓜滿 ( )
19. 侮蔑 ( )
20. 胃癌 ( )
21. 診療 ( )
22. 爛漫 ( )
23. 筆硯 ( )
24. 妊婦 ( )
25. 塵念 ( )
26. 舶來 ( )
27. 掘穴 ( )
28. 衷懷 ( )
29. 幻弄 ( )
30. 怖伏 ( )
31. 彰著 ( )
32. 脂粉 ( )
33. 託送 ( )
34. 匪賊 ( )
35. 融點 ( )
36. 濕潤 ( )
37. 縫針 ( )
38. 鬱陶 ( )
39. 准尉 ( )
40. 撤祀 ( )
41. 揭載 ( )
42. 閨怨 ( )
43. 猶豫 ( )
44. 尖銳 ( )
45. 勳爵 ( )

※다음 漢字의 訓과 音을 쓰시오.

46. 唆 ( )
47. 搬 ( )
48. 娩 ( )
49. 謬 ( )
50. 戴 ( )
51. 溺 ( )
52. 坑 ( )
53. 盾 ( )
54. 傭 ( )
55. 旨 ( )
56. 炊 ( )
57. 妥 ( )
58. 鋪 ( )
59. 噫 ( )
60. 虐 ( )
61. 頗 ( )
62. 租 ( )
63. 哨 ( )
64. 颱 ( )
65. 沮 ( )
66. 聘 ( )
67. 纖 ( )
68. 餐 ( )
69. 惹 ( )
70. 僅 ( )
71. 棟 ( )
72. 輛 ( )

※다음 첫소리가 長音인 것을 고르시오.

73. ( ): ①街路燈 ②家門 ③可能 ④歌謠
74. ( ): ①每事 ②賣買 ③埋沒 ④魅惑
75. ( ): ①手足 ②數學 ③隨行 ④需要
76. ( ): ①文章 ②門前 ③紋石 ④問答
77. ( ): ①源流 ②遠行 ③圓形 ④元素

※다음 제시된 訓音에 맞는 漢字를 쓰시오.

78. 높을 숭 - 우러를앙 [ ]
79. 부끄러울치 - 욕될 욕 [ ]
80. 훔칠 절 - 도둑 도 [ ]
81. 베풀 선 - 날릴 양 [ ]
82. 말씀 변 - 논할 론 [ ]
83. 응할 응 - 모을 모 [ ]
84. 여러 루 - 쌓을 적 [ ]
85. 목마를갈 - 증세 증 [ ]

※다음 類義字를 써서 단어를 완성하시오.

86. 踐 - ( )
87. ( ) - 壓
88. 報 - ( )
89. ( ) - 還
90. 徒 - ( )
91. ( ) - 瑞
92. 嫌 - ( )
93. ( ) - 越
94. 傲 - ( )
95. ( ) - 欺

※다음 反對字를 써서 단어를 완성하시오.

96. (　　) - 薄　97. 深 - (　　)
98. (　　) - 急　99. 盛 - (　　)
100. (　　) - 益　101. 早 - (　　)
102. (　　) - 悲　103. 開 - (　　)
104. (　　) - 怠　105. 尊 - (　　)

※(　)안에 한자로 써서 성어를 완성하시오.

106. 空前(　)(　)　107. (　)(　)碧海
108. 孤掌(　)(　)　109. (　)(　)奉公
110. 擧案(　)(　)

※다음 音과 뜻에 맞는 漢字語를 쓰시오.

111. 驛名 : (　　) 임금이나 윗사람의 명령을 어김
112. 玉成 : (　　) 성처럼 높이 둘러 싸여있는 감옥
113. 間性 : (　　) 간곡하고 성실함
114. 讀音 : (　　) 혼자서 시가 등을 읊음
115. 推問 : (　　) 아름답지 못한 소문

※다음 漢字의 部首를 쓰시오.

116. 露(　)　117. 鴻(　)　118. 畓(　)
119. 照(　)　120. 看(　)

※다음 漢字의 略字는 正字로, 正字는 略字를 쓰시오.

121. 龍(　)　121. 伝(　)　123. 亂(　)
124. 岩(　)　125. 廳(　)

※다음 뜻에 맞는 漢字語를 쓰시오.

126. (수예) : 곡식이나 나무 등을 심어 가꿈.　(　　)
127. (영접) : 손님을 맞아서 응접함.　(　　)
128. (중매) : 양가 사이에 들어 혼인을 어울리게 하는 일.　(　　)
129. (창송) : 푸른 소나무.　(　　)
130. (표박) : 흘러 떠돎. 표류.　(　　)
131. (호한) : 넓고 커서 질편함.　(　　)
132. (현하) : 급한 경사를 세차게 분류하는 하천.　(　　)
133. (축쇄) : 책이나 그림의 원형을 그 크기만 줄여서 한 인쇄.　(　　)
134. (졸고) : 자기 원고의 겸칭.　(　　)
135. (유혼) : 죽은 사람의 넋.　(　　)

※제시된 뜻을 지닌 四字成語가 完成되도록 (　)속의 말을 漢字로 쓰시오.

136. 雪上(가상) : 불행한 일이 거듭 일어남.
………………… (　　)
137. (역지)思之 : 처지를 바꾸어서 생각함.
………………… (　　)
138. 克己(복례) : 과도한 욕망을 누르고 예절을 좇도록 함.
………………… (　　)
139. (각주)求劍 : 미련하여 융통성이 없음.
………………… (　　)
140. 身言(서판) : 사람이 갖추어야 될 네 가지 조건. 곧 신수・말씨・문필・판단력.
………………… (　　)

※다음 한글은 漢字正字로, (　)안은 적당한 말로 쓰시오.

㉮ '돈독'(141)은 "인정이 두텁다"는 뜻이요, '(　)(　)(142)報恩'은 "죽어서도 은혜를 갚는다"는 뜻이다.
㉯ '布'字는 "베포"와 "보시(　)(143)"로 읽히는 글자이고, '宿'字는 "잘(　)(144)"과 "(　　)(145)(　)(146)"로 읽히는 글자이다.
㉰ '目不識丁'과 同義의 俗談으로는 "(　　)"(147)를 찾을 수 있고 '(　　)'(148)의 의미는 "비단 옷 입고 밤길 가기"와 통한다.
㉱ 漢字語는 다양한 문화적인 내용을 축적한 '자산'(149)이며 '보고'(150)이다.

141. (　　)　142. (　)(　)
143. (　　)　144. (　　)
145. (　　)　146. (　　)
147. (　　)　148. (　　)
149. (　　)　150. (　　)

반대자테스트

可 - ( )
干 - ( )
剛 - ( )
乾 - ( )
硬 - ( )
經 - ( )
慶 - ( )
京 - ( )
姑 - ( )
功 - ( )
公 - ( )
勤 - ( )
起 - ( )
難 - ( )
勞 - ( )
濃 - ( )
單 - ( )
旦 - ( )
貸 - ( )
動 - ( )
得 - ( )
文 - ( )
美 - ( )
方 - ( )
煩 - ( )
腹 - ( )
浮 - ( )
賓 - ( )
賞 - ( )
盛 - ( )
疏 - ( )

損 - ( )
送 - ( )
需 - ( )
首 - ( )
收 - ( )
叔 - ( )
昇 - ( )
是 - ( )
伸 - ( )
深 - ( )
安 - ( )
愛 - ( )
哀 - ( )
抑 - ( )
榮 - ( )
盈 - ( )
銳 - ( )
緩 - ( )
優 - ( )
陰 - ( )
利 - ( )
任 - ( )
雌 - ( )
長 - ( )
早 - ( )
存 - ( )
尊 - ( )
縱 - ( )
主 - ( )
衆 - ( )
增 - ( )
眞 - ( )

進 - ( )
集 - ( )
贊 - ( )
添 - ( )
淸 - ( )
取 - ( )
親 - ( )
表 - ( )
彼 - ( )
寒 - ( )
虛 - ( )
賢 - ( )
好 - ( )
呼 - ( )
禍 - ( )
厚 - ( )
喜 - ( )

유의자테스트

( ) - 紹
( ) - 傭
( ) - 怖
( ) - 鍵
( ) - 僻
( ) - 溺
( ) - 績
( ) - 繕
( ) - 刹
( ) - 貫
( ) - 瑞
( ) - 舶
( ) - 廻
( ) - 悼
( ) - 謬
( ) - 療
( ) - 呈
( ) - 託
( ) - 旨
( ) - 膚

憩 - ( )
揭 - ( )
購 - ( )
鍛 - ( )
網 - ( )
沐 - ( )
賠 - ( )
汎 - ( )
匪 - ( )
赦 - ( )
飼 - ( )
纖 - ( )
厭 - ( )
尉 - ( )
彫 - ( )
措 - ( )
窒 - ( )
滄 - ( )
撤 - ( )
締 - ( )

(覺)-( )
(堅)-( )
(牽)-( )
(經)-( )
(孤)-( )
(攻)-( )
(恭)-( )
(貢)-( )
(過)-( )
(群)-( )
(飢)-( )
(徒)-( )
(敦)-( )
(勉)-( )
(配)-( )
(墳)-( )
(賓)-( )
(洗)-( )
(施)-( )
(尋)-( )
(容)-( )
(憂)-( )
(隆)-( )
(認)-( )
(慈)-( )
(姿)-( )
(整)-( )
(製)-( )
(租)-( )
(造)-( )
(朱)-( )
(憎)-( )
(珍)-( )
(菜)-( )
(處)-( )
(尺)-( )
(蓄)-( )
(捕)-( )
(畢)-( )
(恒)-( )

반대어테스트

架空 - (　　　　　　)
干涉 - (　　　　　　)
官尊 - (　　　　　　)
強硬 - (　　　　　　)
降臨 - (　　　　　　)
強制 - (　　　　　　)
巨富 - (　　　　　　)
決裂 - (　　　　　　)
決定 - (　　　　　　)
結合 - (　　　　　　)
故意 - (　　　　　　)
固定 - (　　　　　　)
空前 - (　　　　　　)
寬大 - (　　　　　　)
巧妙 - (　　　　　　)
郊外 - (　　　　　　)
拘束 - (　　　　　　)
具體 - (　　　　　　)
僅少 - (　　　　　　)
近接 - (　　　　　　)
禁止 - (　　　　　　)
急激 - (　　　　　　)

奇拔 - (　　　　　　)
飢餓 - (　　　　　　)
樂園 - (　　　　　　)
濫用 - (　　　　　　)
內包 - (　　　　　　)
老鍊 - (　　　　　　)
動搖 - (　　　　　　)
鈍濁 - (　　　　　　)
末尾 - (　　　　　　)
滅亡 - (　　　　　　)
名目 - (　　　　　　)
返濟 - (　　　　　　)
發生 - (　　　　　　)
白髮 - (　　　　　　)
白晝 - (　　　　　　)
繁忙 - (　　　　　　)
保守 - (　　　　　　)
普遍 - (　　　　　　)
本質 - (　　　　　　)
分解 - (　　　　　　)
酸化 - (　　　　　　)
喪失 - (　　　　　　)
相違 - (　　　　　　)

性急 - (　　　　　　)
洗練 - (　　　　　　)
續行 - (　　　　　　)
抑制 - (　　　　　　)
憐憫 - (　　　　　　)
劣惡 - (　　　　　　)
厭世 - (　　　　　　)
誤報 - (　　　　　　)
憂鬱 - (　　　　　　)
優柔 - (　　　　　　)
原理 - (　　　　　　)
遠洋 - (　　　　　　)
隆起 - (　　　　　　)
隱蔽 - (　　　　　　)
凝固 - (　　　　　　)
理論 - (　　　　　　)
離脫 - (　　　　　　)
諮問 - (　　　　　　)
雌伏 - (　　　　　　)
絶長 - (　　　　　　)
整頓 - (　　　　　　)
聰明 - (　　　　　　)
紅塵 - (　　　　　　)

성명 [ ]

약자테스트	黨 - ( )	竝 - ( )	譽 - ( )	參 - ( )
價 - ( )	當 - ( )	寶 - ( )	藝 - ( )	處 - ( )
假 - ( )	對 - ( )	佛 - ( )	圍 - ( )	遷 - ( )
個 - ( )	圖 - ( )	辭 - ( )	應 - ( )	鐵 - ( )
蓋 - ( )	獨 - ( )	寫 - ( )	貳 - ( )	聽 - ( )
據 - ( )	讀 - ( )	嘗 - ( )	壹 - ( )	廳 - ( )
傑 - ( )	燈 - ( )	釋 - ( )	殘 - ( )	體 - ( )
擊 - ( )	亂 - ( )	攝 - ( )	蠶 - ( )	遞 - ( )
輕 - ( )	來 - ( )	歲 - ( )	哉 - ( )	觸 - ( )
繼 - ( )	兩 - ( )	屬 - ( )	戰 - ( )	總 - ( )
觀 - ( )	勵 - ( )	壽 - ( )	傳 - ( )	醉 - ( )
關 - ( )	獵 - ( )	數 - ( )	竊 - ( )	漆 - ( )
廣 - ( )	靈 - ( )	濕 - ( )	點 - ( )	稱 - ( )
舊 - ( )	禮 - ( )	實 - ( )	定 - ( )	墮 - ( )
區 - ( )	爐 - ( )	雙 - ( )	濟 - ( )	擇 - ( )
國 - ( )	錄 - ( )	惡 - ( )	條 - ( )	解 - ( )
權 - ( )	龍 - ( )	巖 - ( )	從 - ( )	獻 - ( )
龜 - ( )	離 - ( )	壓 - ( )	晝 - ( )	驗 - ( )
歸 - ( )	麥 - ( )	礙 - ( )	證 - ( )	縣 - ( )
棄 - ( )	夢 - ( )	餘 - ( )	遲 - ( )	惠 - ( )
斷 - ( )	發 - ( )	與 - ( )	盡 - ( )	號 - ( )
團 - ( )	變 - ( )	譯 - ( )	珍 - ( )	畫 - ( )
擔 - ( )	邊 - ( )	鹽 - ( )	質 - ( )	會 - ( )

고사성어테스트

間( )( )楚
擧棋( )( )
孤( )隻( )
瓜( )( )下
膠( )( )瑟
男( )女( )
籠( )戀( )
多( )( )賈
( )足( )尿
杜門( )( )
痲( )( )蓬
萬( )滄( )
( )壽( )疆
晩( )之( )
亡( )之( )
( )洋之( )
梅( )鶴( )
猛( )伏( )
面( )九( )
盤( )曲( )
旁岐( )( )
不( )戴( )
( )撤( )夜

四( )楚( )
( )膚花( )
纖纖( )( )
松( )柏( )
( )襄之( )
( )籠( )物
( )魯不( )
( )網( )離
( )鼓( )瑟
( )枯( )炊
( )釜( )鳴
雲( )之( )
( )溺( )溺
( )網( )盡
( )( )兢兢
池( )之( )
( )亂聚( )
借( )( )閨
隻( )空( )
天( )( )軸
天( )無( )
( )出( )藍
( )牛( )棟
( )事( )魔

刻( )難( )
感( )無( )
敬( )遠( )
鷄( )狗( )
矯( )殺( )
勸( )懲( )
近( )者( )
錦( )添( )
今( )之( )
路( )墻( )
綠( )芳( )
斷( )之( )
獨( )靑( )
同( )相( )
莫( )可( )
萬( )休( )
罔( )之( )
忘( )之( )
門( )乞( )
拔( )蓋( )
背( )忘( )
附( )雷( )
朋( )有( )
四( )五( )

騷( )墨( )
脣( )齒( )
哀( )伏( )
羊( )狗( )
烏( )梨( )
曰( )曰( )
腰( )腹( )
唯( )無( )
一( )濁( )
朝( )暮( )
朝( )暮( )
徹( )徹( )
貪( )汚( )
布( )之( )
匹( )之( )
匹( )匹( )
下( )上( )
鶴( )苦( )
恒( )飯( )
賢( )良( )
螢( )之( )
昏( )晨( )
紅( )點( )
厚( )無( )

성명 [ ]

기출예상문제[가] 漢字能力檢定試驗 2級 問題紙

(社)韓國語文會 · 韓國漢字能力檢定會 (시험시간 : 60분) 수험생에 의하여 재편집되었습니다.

※다음 漢字語의 讀音을 쓰시오.

1. 託宣 ( ) 2. 毁譽 ( )
3. 牽聯 ( ) 4. 塗炭 ( )
5. 絞布 ( ) 6. 溺惑 ( )
7. 屯耕 ( ) 8. 獵鳥 ( )
9. 魅了 ( ) 10. 謬誤 ( )
11. 侮笑 ( ) 12. 匪徒 ( )
13. 鬱屈 ( ) 14. 敷奏 ( )
15. 纖腰 ( ) 16. 胥候 ( )
17. 跳躍 ( ) 18. 凝滯 ( )
19. 塵網 ( ) 20. 焦爛 ( )
21. 擁蔽 ( ) 22. 遞遷 ( )
23. 紹述 ( ) 24. 釣舟 ( )
25. 漆夜 ( ) 26. 妥安 ( )
27. 罷漏 ( ) 28. 糾察 ( )
29. 騰踐 ( ) 30. 籠彫 ( )
31. 硫酸 ( ) 32. 膜質 ( )
33. 僻巷 ( ) 34. 挿架 ( )
35. 傭聘 ( ) 36. 震懼 ( )
37. 融和 ( ) 38. 哨戒 ( )
39. 酷似 ( ) 40. 炊湯 ( )
41. 峽灣 ( ) 42. 誕妄 ( )
43. 滑降 ( ) 44. 沮抑 ( )
45. 脂膠 ( )

※다음 漢字의 訓과 音을 쓰시오.

46. 軸 ( ) 47. 垂 ( )
48. 逮 ( ) 49. 惹 ( )
50. 呈 ( ) 51. 戴 ( )
52. 摩 ( ) 53. 偏 ( )
54. 虐 ( ) 55. 紳 ( )
56. 幻 ( ) 57. 憾 ( )
58. 衡 ( ) 59. 悼 ( )
60. 怖 ( ) 61. 拉 ( )
62. 把 ( ) 63. 蔑 ( )
64. 胎 ( ) 65. 縫 ( )

※다음 訓音으로 연결된 單語를 漢字로 쓰시오.

66. 나물 소 - 나물 채 ( )
67. 마칠 종 - 꼬리 미 ( )
68. 이을 계 - 이을 승 ( )
69. 신령 령 - 넋 혼 ( )
70. 엷을 박 - 밝을 명 ( )
71. 급할 급 - 빠를 속 ( )
72. 덜 손 - 다칠 상 ( )
73. 돌이킬반 - 돌아올환 ( )
74. 도울 찬 - 아닐 부 ( )
75. 뾰족할첨 - 끝 단 ( )
76. 순할 순 - 거스릴역 ( )
77. 글경(지날경) - 법 전 ( )

※다음 ( )안의 말을 漢字로 고치시오.

78. 肝膽(상조)-( ) 79. 有備(무환)-( )
80. 支離(멸렬)-( ) 81. 雪膚(화용)-( )
82. (공전)絶後-( ) 83. (고장)難鳴-( )

※다음 對立되는 漢字를 적어 單語를 完成하시오.

84. ( )-卑 85. 寒-( ) 86. 眞-( )
87. ( )-悲 88. 盛-( ) 89. 勤-( )
90. ( )-重 91. 淸-( ) 92. 銳-( )

※다음 비슷한 漢字를 적어 單語를 完成하시오.

93. ( )-眠 94. 洗-( ) 95. 勉-( )
96. ( )-慢 97. 紀-( ) 98. 吟-( )
99. ( )-愼 100. 飼-( )

※다음 문장에서 漢字는 한글로, 한글은 漢字로 쓰시오.

(ㄱ)지금까지의 여러 기록과 문자 발달상의 과정(101)으로 보아 훈민정음 창제 이전에는 우리말을 표기하는 고유문자가 없었고, 鄕札(102) 이두(103) 구결(104) 등의 漢字 차용(105) 표기 체계만이 있었던 것으로 보인다.

(ㄴ)오늘날 대학 교육에서 漢字실력의 저하를 우려(106)하는 논의가 빈발(107)하고 적절(108)한 대책을 강구(109)하려는 시도가 곳곳에서 행해지고 있다.

(ㄷ)漢字學은 舊時代의 유물(110)로 돌아가고 말았다. 이제 數千의 文集, 數萬卷의 한적이 독자를 상실한 채 서고(111)에 갇혀 있다.

(ㄹ)갑오경장이란 사회 개혁을 경험하고 새로운 패러다임으로 사회가 재정비되면서 국어가 민족국가와 표리(112) 일체로 인식(113)되는 시기였다. 이 시기에 주시경의 학문적 열정(114)은 국어에 대한 일반의 대오(115) 각성을 촉발하였으나, 지나치게 민족의 고유성을 강조하면서 과거의 전통을 불신하였기 때문에 그의 학풍은 은연(116)중 배타적(117) 민족주의를 드러내게 되었다.

(ㅁ)이들 자순 도치형(118)의 의미 관계도 무척 복잡다기(多岐)한 양상을 드러낸다. 거의 완전한 同義關係에 있는 두 어형은 언중(119)에 의하여 한 쪽으로 굳어질 것으로 예상(120)된다. 그러나 의미상 구상화나 추상화(121), 또는 의미 범위의 확대나 축소 등의 과정을 거쳐 상당한 전이(122)를 일으키고 있는 語列들은 더욱 넓게 활용될 것으로 기대된다.

101. 과정 (　　)	102. 鄕札 (　　)
103. 이두 (　　)	104. 구결 (　　)
105. 차용 (　　)	106. 우려 (　　)
107. 빈발 (　　)	108. 적절 (　　)
109. 강구 (　　)	110. 유물 (　　)
111. 서고 (　　)	112. 표리 (　　)
113. 인식 (　　)	114. 열정 (　　)
115. 대오 (　　)	116. 은연 (　　)
117. 배타적 (　　)	118. 도치형 (　　)
119. 언중 (　　)	120. 예상 (　　)
121. 추상화 (　　)	122. 전이 (　　)

※다음 同音異義語를 쓰되, 제시된 뜻에 맞는 單語를 漢字로 고쳐 쓰시오.

123. 聖世 : 명성과 위세. (　　)
124. 開場 : 다시 새롭게 꾸밈. (　　)
125. 夢思 : 죽음을 무릅쓰는 것. (　　)
126. 房廳 : 회의·공판 등을 옆에서 들음. (　　)
127. 當到 : 과실이나 통조림 따위에 포함된 당분의 양을 백분율로 나타낸 것. (　　)

※다음 漢字의 部首를 쓰시오.

128. 寢(　　) 129. 戰(　　) 130. 廟(　　)
131. 敵(　　) 132. 鮮(　　)

※다음 漢字의 略字를 쓰시오.

133. 濕(　　) 134. 藝(　　) 135. 擔(　　)
136. 擴(　　) 137. 麥(　　)

※첫소리가 長音인 것을 고르시오.

138. (　　) : ①蜂起 ②奉獻 ③逢變 ④封印
139. (　　) : ①怪變 ②怪異 ③塊鑛 ④塊土
140. (　　) : ①公務 ②供給 ③功勞 ④工員

※다음 제시된 單語를 漢字로 고쳐 쓰시오.

141. 석교 : 불교. (　　)
142. 당구 : 서당에서 기르는 개. (　　)
143. 수걸 : 재주와 기상이 뛰어남. (　　)
144. 부불 : 여러번으로 나누어 지불함. (　　)
145. 조상 : 남의 상사에 대하여 조의를 표함. (　　)

※다음 뜻에 맞는 故事成語를 쓰시오.

146. 그릇된 것을 깨뜨리고 바른 것을 나타냄.
………………… (　　)
147. 모순된 것을 끝까지 우겨서 남을 속임.
………………… (　　)
148. 궁지에 몰려 나아갈 수도 물러설 수도 없음.
………………… (　　)
149. 지나친 욕심을 누르고 예의범절을 따름.
………………… (　　)
150. 우연한 일치로 일을 저질렀다는 의심을 받게 됨.
………………… (　　)

□ 150점 만점에 105점 이상 합격 □

성명 [ ]

기출예상문제[나] 漢字能力檢定試驗 2級 問題紙

(社)韓國語文會・韓國漢字能力檢定會 (시험시간 : 60분) 수험생에 의하여 재편집되었습니다.

※다음 漢字語의 讀音을 쓰시오.

1. 刹那 ( ) 2. 麒麟 ( )
3. 敦穆 ( ) 4. 痲醉 ( )
5. 腦膜 ( ) 6. 欄杆 ( )
7. 草廬 ( ) 8. 締結 ( )
9. 甄陶 ( ) 10. 勉勵 ( )
11. 冕服 ( ) 12. 硫酸 ( )
13. 揷畫 ( ) 14. 幻滅 ( )
15. 嬉戲 ( ) 16. 徽章 ( )
17. 誤謬 ( ) 18. 濊貊 ( )
19. 濬潭 ( ) 20. 肝膽 ( )
21. 惇德 ( ) 22. 欽慕 ( )
23. 矛盾 ( ) 24. 繩糾 ( )
25. 恐怖 ( ) 26. 解雇 ( )
27. 杏壇 ( ) 28. 耽溺 ( )
29. 兌換 ( ) 30. 晃耀 ( )
31. 妖怪 ( ) 32. 籠絡 ( )
33. 腐爛 ( ) 34. 芬馨 ( )
35. 濠橋 ( ) 36. 皓髮 ( )
37. 搬移 ( ) 38. 機軸 ( )
39. 冀願 ( ) 40. 融暢 ( )
41. 悽慘 ( )

※다음 漢字의 訓과 音을 쓰시오.

42. 輔 ( ) 43. 沮 ( )
44. 諮 ( ) 45. 熔 ( )
46. 梧 ( ) 47. 厭 ( )
48. 握 ( ) 49. 礙 ( )
50. 貰 ( ) 51. 繕 ( )
52. 敷 ( ) 53. 鑽 ( )
54. 閥 ( ) 55. 僻 ( )
56. 紡 ( ) 57. 舶 ( )
58. 帽 ( ) 59. 熙 ( )
60. 喉 ( ) 61. 峽 ( )
62. 弦 ( ) 63. 塹 ( )
64. 拋 ( ) 65. 霸 ( )
66. 託 ( ) 67. 炊 ( )
68. 趨 ( )

※다음 ( )안의 말을 漢字로 고치시오.

69. 隻手(공)(권)-( )( ) 70. (교)角(살)牛-( )( )
71. 旁岐(곡)(경)-( )( ) 72. (세)寒(송)柏-( )( )
73. 如(고)(금)瑟-( )( ) 74. (와)釜雷(명)-( )( )
75. 不(구)戴(천)-( )( ) 76. (문)前沃(답)-( )( )
77. (혼)定(신)省-( )( ) 78. (좌)瞻右(고)-( )( )

※다음 反對字를 써서 單語를 完成하시오.

79. 反目-( ) 80. 添加-( )
81. 巧妙-( ) 82. 剛健-( )
83. 供給-( ) 84. 稱讚-( )
85. 飢餓-( ) 86. 敏速-( )
87. 喪失-( ) 88. 濕潤-( )

※다음 單語와 뜻이 비슷한 單語를 <보기>에서 골라 그 번호를 쓰시오.

①好惡	②模範	③分別	④風燭
⑤冷淡	⑥等閑	⑦去就	⑧冠省

89. 除煩( ) 90. 累卵( ) 91. 淸濁( )
92. 薄情( ) 93. 思慮( )

※첫소리가 長音인 것을 고르시오.

94. ( ) : ①至近 ②頓飯 ③納采 ④琢器
95. ( ) : ①揭載 ②親執 ③亮窓 ④翁姑
96. ( ) : ①驚懼 ②枚擧 ③款項 ④闕漏
97. ( ) : ①翰墨 ②旋毛 ③僞裝 ④自滿
98. ( ) : ①盈滿 ②組閣 ③縱覽 ④濃縮

※다음 문장에서 漢字는 한글로, 한글은 漢字로 쓰시오.

㈎율곡(99)선생이 활동하던 시기는 조선 왕조가 홍성(100)시기로부터 점차(101) 쇠잔(102)의 길을 밟기 시작한 시기이며, 신 유학자들은 전후 몇 차례의 사화(103)의 피비린 교훈으로 출사를 단념(104)하고 산림에 은둔하여 오로지 修己的인 학문에만 몰두(105)하는 경향(106)이 감돌았었다. 15世紀末부터 지방에서 일어난 산림은 勳舊(107)派의 수차에 걸친 유혈적인 탄압(108)을 받았다. 사림파들은 정주이학을 이론 무기로 삼아 勳舊派의 토지 倂合(109)과 전횡(110), 탐관(111) 오리(112)들의 인민에 대한 侮蔑(113)과 酷毒(114)한 약탈(115)을 반대하면서 왕도정치의 이상세계를 건립하려고 하였다.

㈏퇴계(116)선생의 인품은 장중(117)하고 바르고 성실하며, 비와 밝음을 통찰(118)했고, 이해를 따지지 않았으며, 오만(119)하지 않았고, 엄격(120)하되 사납지 않았으며, 간결(121)하되 세속과 구차(122)히 함께 하지 않았다.

㈐(세계인권선언에서)

▷누구든지 비인도적 또는 치욕(123)적인 대우나 처벌(124)을 받지 않는다.

▷누구든지 헌법(125) 또는 법으로 부여(126)된 기본적 권리를 침해(127)하는 행위에 대해서는 권한 있는 내국 재판(128)소에서 유효한 구제(129)를 받을 권리를 갖는다.

▷누구든지 전단적인 체포(130)나 구치(131) 또는 추방(132)을 받지 않는다.

99. 율곡 ( ) 100. 홍성 ( )

101. 점차 ( ) 102. 쇠잔 ( )

103. 사화 ( ) 104. 단념 ( )

105. 몰두 ( ) 106. 경향 ( )

107. 勳舊 ( ) 108. 탄압 ( )

109. 倂合 ( ) 110. 전횡 ( )

111. 탐관 ( ) 112. 오리 ( )

113. 侮蔑 ( ) 114. 酷毒 ( )

115. 약탈 ( ) 116. 퇴계 ( )

117. 장중 ( ) 118. 통찰 ( )

119. 오만 ( ) 120. 엄격 ( )

121. 간결 ( ) 122. 구차 ( )

123. 치욕 ( ) 124. 처벌 ( )

125. 헌법 ( ) 126. 부여 ( )

127. 침해 ( ) 128. 재판 ( )

129. 구제 ( ) 130. 체포 ( )

131. 구치 ( ) 132. 추방 ( )

※다음 同音異義語를 쓰되, 제시된 뜻에 맞는 單語를 漢字로 고쳐 쓰시오.

133. 進呈 : 가라앉힘. ( )

134. 開腹 : 덮개를 덮음. ( )

135. 布帶 : 군대의 화포 진지. ( )

136. 殖財 : 초목을 심어 재배함. ( )

137. 幼稚 : 행사나 사업 따위를 끌어들임. ( )

※다음 漢字의 部首를 쓰시오.

138. 串( ) 139. 膠( ) 140. 尼( )

141. 鷺( ) 142. 劉( )

※다음 漢字의 略字를 쓰시오.

143. 棄( ) 144. 攝( ) 145. 辭( )

※다음 單語의 뜻을 쓰시오.

146. 幽閉 : ( )

147. 星彩 : ( )

148. 城塞 : ( )

149. 朔望 : ( )

150. 狀貌 : ( )

□ 150점 만점에 105점 이상 합격 □

성명 [ ]

기출예상문제[다] 漢字能力檢定試驗 2級 問題紙

(社)韓國語文會·韓國漢字能力檢定會 (시험시간 : 60분) 수험생에 의하여 재편집되었습니다.

※다음 漢字語의 讀音을 쓰시오.

1. 酷暑 ( ) 2. 岡阜 ( )
3. 瓊玉 ( ) 4. 抛棄 ( )
5. 祚胤 ( ) 6. 隻影 ( )
7. 麟筆 ( ) 8. 瀅注 ( )
9. 暹羅 ( ) 10. 杆太 ( )
11. 儆備 ( ) 12. 謄寫 ( )
13. 垠界 ( ) 14. 兢戒 ( )
15. 阪泉 ( ) 16. 繩繫 ( )
17. 馥郁 ( ) 18. 雍齒 ( )
19. 穉禾 ( ) 20. 甄綜 ( )
21. 耽習 ( ) 22. 鮑尺 ( )
23. 彌滿 ( ) 24. 雇傭 ( )
25. 杜狗 ( ) 26. 盈祿 ( )
27. 槐膠 ( ) 28. 旻天 ( )
29. 敞麗 ( ) 30. 汪茫 ( )
31. 俛仰 ( ) 32. 塘池 ( )
33. 茅沙 ( ) 34. 耀電 ( )
35. 皐鼓 ( ) 36. 甸役 ( )
37. 禮帽 ( ) 38. 養蜂 ( )
39. 祜休 ( ) 40. 回診 ( )
41. 濬潭 ( ) 42. 礪裝 ( )
43. 踰月 ( ) 44. 勸勉 ( )
45. 陟方 ( )

※다음 漢字의 訓과 音을 쓰시오.

46. 銖 ( ) 47. 坑 ( )
48. 崙 ( ) 49. 昞 ( )
50. 槿 ( ) 51. 杰 ( )
52. 巢 ( ) 53. 怡 ( )
54. 佾 ( ) 55. 鑽 ( )
56. 灘 ( ) 57. 杏 ( )
58. 焉 ( ) 59. 尋 ( )
60. 措 ( ) 61. 弼 ( )
62. 扁 ( ) 63. 亢 ( )
64. 昴 ( ) 65. 筏 ( )

※다음 訓音으로 연결된 單語를 漢字로 쓰시오.

66. 몰 구 - 쫓을 축 ( )
67. 학교 교 - 바로잡을정 ( )
68. 간절할간 - 정성 성 ( )
69. 빠질 몰 - 물리칠각 ( )
70. 칠할 도 - 베 포 ( )
71. 노략질략 - 빼앗을탈 ( )
72. 젖 유 - 냄새 취 ( )
73. 베개 침 - 가 변 ( )
74. 족보 보 - 기록할록 ( )
75. 둑 제 - 막을 방 ( )
76. 팔 판 - 재촉할촉 ( )
77. 경사 경 - 하례할하 ( )

※다음 反對字를 써서 單語를 完成하시오.

78. 盛 - ( ) 79. ( ) - 急
80. 勤 - ( ) 81. ( ) - 沈
82. 厚 - ( ) 83. ( ) - 迎
84. 美 - ( ) 85. ( ) - 賤
86. 順 - ( )

※다음 類義字를 써서 單語를 完成하시오.

87. 傲 - ( ) 88. ( ) - 愼
89. 配 - ( ) 90. ( ) - 端
91. 返 - ( ) 92. ( ) - 怖
93. 洗 - ( ) 94. ( ) - 擇
95. 裝 - ( )

※다음 (　)안의 말을 漢字로 고치시오.

96. 肝膽(상조)-(　　) 97. (혼수)狀態-(　　)

98. 桑田(벽해)-(　　) 99. (파사)顯正-(　　)

100. 綠衣(홍상)-(　　)

※다음 제시된 음과 뜻에 맞는 單語를 漢字로 쓰시오.

101. 低張 : 물건을 모아 간수함. (　　)

102. 半島 : 반란을 꾀하는 무리. (　　)

103. 秋天 : 인재를 천거함. (　　)

104. 京外 : 공경하고 두려워함. (　　)

105. 松徑 : 불경을 욈. (　　)

※다음 漢字의 部首를 쓰시오.

106. 帽(　　) 107. 及(　　) 108. 抽(　　)

109. 互(　　) 110. 疏(　　)

※다음 漢字의 正字는 略字로, 略字는 正字로 쓰시오.

111. 樓(　　) 112. 釋(　　) 113. 龜(　　)

114. 譽(　　) 115. 窃(　　) 116. 拡(　　)

117. 触(　　) 118. 県(　　)

※첫소리가 長音인 것을 고르시오.

119. (　　) : ①街路樹 ②街道 ③家屋 ④家訓

120. (　　) : ①同音 ②同異 ③冬至 ④冬眠

121. (　　) : ①徐行 ②途氏 ③書籍 ④書類

122. (　　) : ①帳幕 ②帳簿 ③奬勵 ④奬忠壇

123. (　　) : ①珍景 ②珍味 ③鎭靜 ④鎭壓

※다음 괄호 속의 單語를 漢字로 바꾸어 쓰시오.

124. (조위) : 죽은 이를 조상하고 유족을 위문함.
…………………………… (　　)

125. (휴대) : 어떤 물건을 몸에 지님.
…………………………… (　　)

126. (모두) : 이야기나 글의 첫머리.
…………………………… (　　)

127. (석시) : 옛날, 옛적
…………………………… (　　)

128. (편력) : 널리 각지를 돌아다님.
…………………………… (　　)

※다음 뜻에 맞는 故事成語를 쓰시오.

129. 지나친 욕심을 누르고 예의범절을 좇음.
………………… (　　)

130. 갠 날은 논밭을 갈고, 비오는 날은 책을 읽음.
………………… (　　)

131. 입술이 없으면 이가 시리다.
………………… (　　)

132. 날은 저물고 갈 길은 멂.
………………… (　　)

133. 나무에 올라가서 물고기를 구하듯 불가능한 일을 하려고 함. (　　)

※다음 문장에서 漢字는 한글로, 한글은 漢字로 쓰시오.

> ㉠ 오랜 실용 역사 속에서 漢字의 國字化, 國語化 노력이 連綿(134)히 이어져 왔음을 확인할 수 있다. 이러한 확인(135) 과정은 漢字와 漢字語를 무조건(136)的으로 排斥(137)하려는 사람들에게 새로운 성찰(138)의 계기(139)를 마련해 줄 수도 있을 것이다. 고유 국어와 한자어를 조화(140)시킨 언어생활의 풍요화(豊饒化), 비슷한 뜻을 지닌 漢字語 사이의 미세(141)한 의미 변별(142)을 통한 정밀하고 정확한 표현, 앞으로도 무한히 계속될 新의미 영역의 개발 등 先人의 지혜(143)와 노력은 마땅히 본받고 이어져야 할 것이기 때문이다.
>
> ㉡ 反對語 결합에 의하여 만들어진 漢字語에도 字順 교체(144)形이 많이 있다. 여기에는 同議의 자순 도치(145)形과, 의미가 달라지는 字順 도치형이 공존(146)한다. 前者는 시간이 흐름에 따라 언중(147)의 선호(148)에 의하여 어느 한 형태가 소멸(149)의 길을 걷거나, 최소한 빈도(150)가 줄기라도 할 것으로 예측된다. 그러나 의미가 완전히 다른 자순 도치형들은 새로운 어휘 형태로 계속 살아 쓰이게 될 것이며, 유사한 語構成이 늘어나게 될 것이다.

134. 連綿 (　　) 135. 확인 (　　)

136. 무조건 (　　) 137. 排斥 (　　)

138. 성찰 (　　) 139. 계기 (　　)

140. 조화 (　　) 141. 미세 (　　)

142. 변별 (　　) 143. 지혜 (　　)

144. 교체 (　　) 145. 도치 (　　)

146. 공존 (　　) 147. 언중 (　　)

148. 선호 (　　) 149. 소멸 (　　)

150. 빈도 (　　)

□ 150점 만점에 105점 이상 합격 □

성명 [ ]

기출예상문제[라] 漢字能力檢定試驗 2級 問題紙

(社)韓國語文會·韓國漢字能力檢定會 (시험시간 : 60분) 수험생에 의하여 재편집되었습니다.

※다음 漢字語의 讀音을 쓰시오.

1. 陽傘 ( ) 2. 膠漆 ( )
3. 箱籠 ( ) 4. 耆蒙 ( )
5. 岐路 ( ) 6. 耽溺 ( )
7. 敎唆 ( ) 8. 惇德 ( )
9. 芸閣 ( ) 10. 泌尿 ( )
11. 祥瑞 ( ) 12. 哀悼 ( )
13. 楞嚴 ( ) 14. 掠奪 ( )
15. 結膜 ( ) 16. 師傅 ( )
17. 網球 ( ) 18. 削髮 ( )
19. 眉間 ( ) 20. 兢懼 ( )
21. 蒼旻 ( ) 22. 侮蔑 ( )
23. 痲醉 ( ) 24. 秉軸 ( )
25. 港灣 ( ) 26. 彌縫 ( )
27. 揷畵 ( ) 28. 煉獄 ( )
29. 明晳 ( ) 30. 鳳麟 ( )
31. 沮喪 ( ) 32. 分娩 ( )
33. 閨秀 ( ) 34. 冀願 ( )
35. 魅惑 ( ) 36. 濃縮 ( )
37. 賠償 ( ) 38. 俸祿 ( )
39. 鍛鍊 ( ) 40. 敷衍 ( )
41. 拉致 ( ) 42. 僑胞 ( )
43. 輔弼 ( ) 44. 槿域 ( )
45. 瓜菜 ( )

※다음 漢字의 訓과 音을 쓰시오.

46. 錫 ( ) 47. 炯 ( )
48. 纖 ( ) 49. 欽 ( )
50. 虐 ( ) 51. 璇 ( )
52. 哨 ( ) 53. 燮 ( )
54. 碩 ( ) 55. 幻 ( )
56. 蟾 ( ) 57. 諜 ( )
58. 颱 ( ) 59. 繕 ( )
60. 熙 ( )

※다음 訓音에 맞는 漢字를 쓰시오.

61. 건널 섭 ( ) 62. 이끌 휴 ( )
63. 저울대형 ( ) 64. 게으를태 ( )
65. 뽑을 초 ( ) 66. 다만 지 ( )
67. 서로 호 ( ) 68. 번거로울번 ( )
69. 번뇌할뇌 ( ) 70. 어찌 나 ( )
71. 빛날 휘 ( ) 72. 꺼릴 기 ( )

※첫소리가 長音인 것을 고르시오.

73. ( ) : ①鍵盤 ②干戈 ③託送 ④僧伽
74. ( ) : ①偵察 ②休憩 ③駐留 ④葛根
75. ( ) : ①烏石 ②發掘 ③揭揚 ④飛行
76. ( ) : ①奎章 ②宮闕 ③巢窟 ④旁觀
77. ( ) : ①硫黃 ②爛熟 ③岡陵 ④自彊

※다음 漢字語의 뜻을 쓰시오.

78. 頗多 : ( )
79. 累積 : ( )
80. 燥渴 : ( )
81. 疆土 : ( )
82. 擁護 : ( )

※다음 漢字의 部首를 쓰시오.

83. 雋 ( ) 84. 厥 ( ) 85. 隸 ( )
86. 冒 ( ) 87. 卯 ( )

※다음 밑줄 친 漢字語를 漢字 正字로 쓰시오.

> 가 이 회의 목적은 동지 초모(88), 회원간의 단결 도모, 독립 사상의 고취(89), 교육 진흥(90) 등이었다.
> 나 공은 견식이 탁월(91)하고, 시와 문은 담백(92)유창(93)하였다. 용모(94)에는 기개(95)가 있었으며, 권신을 규탄(96)하여 조금도 거리낌이 없었다. 이로 인하여 배척(97)을 당하여 오래도록 서용(98)되지 않아서 기아(99)를 면하기 어려웠다.
> 다 분식(100) 회계 의혹과 관련(101), 모측(102)을 전격으로 압수(103) 수색(104)하자 재계 전체가 충격(105) 속에 향후 파급(106)을 우려(107)하고 있다.
> 라 세계 최대의 철강(108) 업체의 경영권 장악 음모(109)엔 수사를 의뢰(110)하여 진위(111)를 밝히도록 하면서 내수(112) 판매(113) 부진 등 위기를 극복(114)하기 위하여 임원진이 임금(115) 인상 억제(116) 등 솔선 수범(117)을 보이어야 한다.

88. 초모 (　　　) 89. 고취 (　　　)
90. 진흥 (　　　) 91. 탁월 (　　　)
92. 담백 (　　　) 93. 유창 (　　　)
94. 용모 (　　　) 95. 기개 (　　　)
96. 규탄 (　　　) 97. 배척 (　　　)
98. 서용 (　　　) 99. 기아 (　　　)
100. 분식 (　　　) 101. 관련 (　　　)
102. 모측 (　　　) 103. 압수 (　　　)
104. 수색 (　　　) 105. 충격 (　　　)
106. 파급 (　　　) 107. 우려 (　　　)
108. 철강 (　　　) 109. 음모 (　　　)
110. 의뢰 (　　　) 111. 진위 (　　　)
112. 내수 (　　　) 113. 판매 (　　　)
114. 극복 (　　　) 115. 임금 (　　　)
116. 억제 (　　　) 117. 수범 (　　　)

※다음 反對字·反對語를 쓰시오.

118. 高雅-(　　　) 119. 風調-(　　　)
120. 穩健-(　　　) 121. 冷却-(　　　)
122. 敏速-(　　　) 123. 繁忙-(　　　)
124. 謙讓-(　　　) 125. 巧妙-(　　　)
126. 緊密-(　　　) 127. 遺失-(　　　)

※다음 類義字를 써서 單語를 完成하시오.

128. 康 - (　　　) 129. 飼 - (　　　)
130. 赦 - (　　　) 131. 淺 - (　　　)
132. 窒 - (　　　)

※音은 같으나 뜻이 다른 漢字語를 쓰시오.

133. 約款 : (　　　) 스무살을 이르는 말
134. 沂水 : (　　　) 깃발을 드는 사람
135. 牽引 : (　　　) 굳게 참고 견딤
136. 和穆 : (　　　) 땔나무
137. 併記 : (　　　) 무기

※다음 뜻에 맞는 故事成語를 쓰시오.

138. 몹시 애씀. (　　)心焦(　　)
139. 아주 우스운 형세. (　　)腹絶(　　)
140. 매우 가깝게 사귐. (　　)膽相(　　)
141. 겉과 속이 다름. (　　)頭(　　)肉
142. 자주 명령을 바꿈. (　　)令(　　)改
143. 자기만 위대함. (　　)我(　　)尊
144. 일정하지 않은 흥망. 榮(　　)盛(　　)
145. 윗사람을 농락함. 指(　　)爲(　　)
146. 큰 원한을 가진 사이. 不(　　)戴(　　)
147. 머나먼 앞 길. 鵬(　　)(　　)里

※다음 漢字의 略字를 쓰시오.

148. 繼 (　　) 149. 寶 (　　) 150. 觸 (　　)

□ 합격을 기원합니다 □

2급 배정한자	③-④	⑤-⑥	⑦-⑧	⑨-⑩	⑪-⑫	⑬-⑭	⑮-⑯	⑰-⑱
葛 칡 갈	帽 모자 모	妊 아이밸임	幻 헛보일환	麒 기린 기	范 성 범	倻 가야 야	誾 향기 은	聚 모을 취
憾 섭섭할감	沐 머리감을목	雌 암컷 자	滑 미끄러울활	沂 물이름기	卞 성 변	襄 도울 양	鷹 매 응	峙 언덕 치
坑 구덩이갱	紊 문란할문	磁 자석 자	廻 돌 회	驥 천리마기	弁 고깔 변	彦 선비 언	伊 저 이	雉 꿩 치
憩 쉴 게	舶 배 박	諮 물을 자	喉 목구멍후	湍 여울 단	昞 밝을 병	姸 고울 연	珥 귀고리이	灘 여울 탄
揭 높이들게	搬 운반할반	蠶 누에 잠	勳 공 훈	塘 못 당	昺 밝을 병	淵 못 연	怡 기쁠 이	耽 즐길 탐
雇 품팔 고	紡 길쌈 방	沮 막을 저	熙 빛날 희	悳 큰 덕	柄 자루 병	衍 넓을 연	翊 도울 익	兌 바꿀 태
戈 창 과	俳 배우 배	呈 드릴 정	噫 한숨쉴희	燾 비칠 도	炳 불꽃 병	閻 마을 염	鎰 무게이름일	台 별 태
瓜 외 과	賠 물어줄배	偵 염탐할정	姬 계집 희	惇 도타울돈	秉 잡을 병	燁 빛날 엽	佾 줄춤 일	坡 언덕 파
菓 과자 과	柏 측백 백	艇 큰배 정		燉 불빛 돈	甫 클 보	暎 비칠 영	滋 불을 자	阪 언덕 판
款 항목 관	閥 문벌 벌	劑 약제 제	▷인명자◁	頓 조아릴돈	潽 물이름보	瑛 옥빛 영	庄 전장 장	彭 성 팽
傀 허수아비괴	汎 넓을 범	措 둘 조	伽 절 가	乭 이름 돌	輔 도울 보	盈 찰 영	獐 노루 장	扁 작을 편
絞 목맬 교	僻 궁벽할벽	釣 낚을 조	柯 가지 가	董 바를 동	馥 향기 복	瑩 옥돌 영	璋 홀 장	葡 포도 포
僑 더부살이교	倂 아우를병	彫 새길 조	軻 수레 가	杜 막을 두	蓬 쑥 봉	芮 성 예	蔣 성 장	鮑 절인물고기포
膠 아교 교	俸 녹 봉	綜 모을 종	賈 성 가	鄧 나라이름등	阜 언덕 부	睿 슬기 예	甸 경기 전	杓 북두자루표
鷗 갈매기구	縫 꿰맬 봉	駐 머무를주	迦 부처이름가	萊 명아주래	釜 가마 부	濊 종족이름예	鄭 나라 정	馮 성 풍
歐 구라파구	膚 살갗 부	准 비준 준	珏 쌍옥 각	亮 밝을 량	傅 스승 부	吳 성 오	晶 맑을 정	泌 스며흐를필
購 살 구	敷 펼 부	旨 뜻 지	杆 몽둥이간	樑 들보 량	芬 향기 분	墺 물가 오	珽 옥이름정	弼 도울 필
掘 팔 굴	弗 아닐 불	脂 기름 지	艮 괘이름간	呂 법칙 려	鵬 새 붕	沃 기름질옥	旌 기 정	陜 땅이름합
窟 굴 굴	匪 비적 비	津 나루 진	鞨 오랑캐갈	廬 농막집려	丕 클 비	鈺 보배 옥	楨 광나무정	亢 높을 항
圈 우리 권	唆 부추길사	診 진찰할진	邯 사람이름감	驪 검은말려	毘 도울 비	邕 막힐 옹	汀 물가 정	沆 넓을 항
闕 대궐 궐	赦 용서할사	塵 티끌 진	岬 곶 갑	礪 숫돌 려	毖 삼갈 비	雍 화할 옹	禎 상서로울정	杏 살구 행
閨 안방 규	飼 기를 사	窒 막힐 질	鉀 갑옷 갑	漣 잔물결련	彬 빛날 빈	甕 독 옹	鼎 솥 정	赫 빛날 혁
棋 바둑 기	酸 실 산	輯 모을 집	姜 성 강	濂 물이름렴	泗 물이름사	莞 빙그레할완	趙 나라 조	爀 불빛 혁
濃 짙을 농	傘 우산 산	遮 가릴 차	彊 굳셀 강	玲 옥소리령	庠 학교 상	旺 왕성할왕	曺 성 조	峴 고개 현
尿 오줌 뇨	蔘 삼 삼	餐 밥 찬	疆 지경 강	醴 단술 례	舒 펼 서	汪 넓을 왕	祚 복 조	炫 밝을 현
尼 여승 니	揷 꽂을 삽	札 편지 찰	岡 산등성이강	鷺 백로 로	奭 클 석	倭 왜나라왜	琮 옥홀 종	鉉 솥귀 현
溺 빠질 닉	箱 상자 상	刹 절 찰	崗 언덕 강	魯 노나라로	晳 밝을 석	堯 요임금요	疇 이랑 주	瀅 물맑을형
鍛 쇠불릴단	瑞 상서 서	斬 벨 참	价 클 개	盧 성 로	錫 주석 석	姚 예쁠 요	埈 높을 준	炯 빛날 형
潭 못 담	碩 클 석	滄 큰바다창	塏 높은땅개	蘆 갈대 로	瑄 도리옥선	耀 빛날 요	峻 준엄할준	邢 성 형
膽 쓸개 담	繕 기울 선	彰 드러날창	鍵 열쇠 건	遼 멀 료	璇 옥 선	溶 녹을 용	晙 밝을 준	馨 꽃다울형
垈 집터 대	纖 가늘 섬	悽 슬퍼할처	杰 뛰어날걸	劉 죽일 류	璿 구슬 선	瑢 패옥소리용	浚 깊게할준	昊 하늘 호
戴 일 대	貰 세놓을세	隻 외짝 척	桀 하왕이름걸	崙 산이름륜	卨 사람이름설	鎔 쇠녹일용	濬 깊을 준	晧 밝을 호
悼 슬퍼할도	紹 이을 소	撤 거둘 철	甄 질그릇견	楞 네모질릉	薛 성 설	鏞 쇠북 용	駿 준마 준	皓 흴 호
桐 오동나무동	盾 방패 순	諜 염탐할첩	炅 빛날 경	麟 기린 린	陝 땅이름섬	佑 도울 우	址 터 지	澔 넓을 호
棟 마룻대동	升 되 승	締 맺을 체	儆 경계할경	靺 말갈 말	蟾 두꺼비섬	祐 복 우	芝 지초 지	壕 해자 호
謄 베낄 등	屍 주검 시	哨 망볼 초	璟 옥빛 경	貊 맥국 맥	暹 햇살치밀섬	禹 성 우	稙 올벼 직	扈 따를 호
藤 등나무등	殖 불릴 식	焦 탈 초	瓊 구슬 경	覓 찾을 멱	燮 불꽃 섭	旭 아침해욱	稷 피 직	鎬 호경 호
裸 벗을 라	腎 콩팥 신	趨 달아날추	皐 언덕 고	冕 면류관면	晟 밝을 성	頊 삼갈 욱	秦 성 진	祜 복 호
洛 물이름락	紳 띠 신	軸 굴대 축	串 꿸 관	沔 물이름면	巢 새집 소	昱 햇빛밝을욱	晋 진나라진	泓 물깊을홍
爛 빛날 란	握 쥘 악	蹴 찰 축	琯 옥피리관	俛 구푸릴면	沼 못 소	煜 빛날 욱	燦 빛날 찬	嬅 탐스러울화
藍 쪽 람	癌 암 암	衷 속마음충	槐 회화나무괴	牟 보리 모	邵 땅이름소	郁 성할 욱	鑽 뚫을 찬	樺 자작나무화
拉 끌 랍	礙 거리낄애	炊 불땔 취	邱 언덕 구	茅 띠 모	宋 송나라송	芸 향풀 운	璨 옥빛 찬	桓 굳셀 환
輛 수레 량	惹 이끌 야	琢 다듬을탁	玖 옥돌 구	謨 꾀 모	洙 물가 수	蔚 고을이름울	瓚 옥잔 찬	煥 빛날 환
煉 달굴 련	孃 아가씨양	託 부탁할탁	鞠 성 국	穆 화목할목	銖 저울눈수	熊 곰 웅	敞 시원할창	晃 밝을 황
籠 대바구니롱	硯 벼루 연	胎 아이밸태	圭 서옥 규	昴 별이름묘	隋 수나라수	媛 계집 원	昶 해길 창	滉 깊을 황
療 병고칠료	厭 싫어할염	颱 태풍 태	奎 별 규	汶 물이름문	洵 참으로순	瑗 구슬 원	采 풍채 채	檜 전나무회
硫 유황 류	預 맡길 예	霸 으뜸 패	揆 헤아릴규	彌 미륵 미	淳 순박할순	袁 성 원	埰 사패지채	淮 물이름회
謬 그르칠류	梧 오동 오	坪 들 평	珪 홀 규	旻 하늘 민	珣 옥이름순	渭 물이름위	蔡 성 채	后 임금 후
摩 문지를마	穩 편안할온	抛 던질 포	槿 무궁화근	旼 화할 민	舜 순임금순	韋 가죽 위	陟 오를 척	熏 불길 훈
魔 마귀 마	歪 기울 왜	怖 두려워할포	瑾 아름다운옥근	玟 아름다운돌민	荀 풀이름순	魏 성 위	釧 팔찌 천	壎 질나팔훈
痲 저릴 마	妖 요사할요	鋪 펼 포	兢 떨릴 긍	珉 옥돌 민	瑟 큰거문고슬	庾 곳집 유	喆 밝을 철	薰 향풀 훈
膜 막 막	熔 녹을 용	虐 모질 학	冀 바랄 기	閔 성 민	繩 노끈 승	兪 대답할유	澈 맑을 철	徽 아름다울휘
蠻 오랑캐만	傭 품팔 용	翰 편지 한	岐 갈림길기	磻 반계 반	柴 섶 시	楡 느릅나무유	瞻 볼 첨	烋 아름다울휴
灣 물굽이만	鬱 답답할울	艦 큰배 함	淇 물이름기	潘 성 반	湜 물맑을식	踰 넘을 유	楚 초나라초	匈 오랑캐흉
娩 낳을 만	苑 나라동산원	弦 시위 현	琦 옥이름기	鉢 바리때발	軾 수레가로나무식	允 만 윤	蜀 나라이름촉	欽 공경할흠
網 그물 망	尉 벼슬 위	峽 골짜기협	琪 아름다운옥기	渤 바다이름발	瀋 즙낼 심	尹 성 윤	崔 높을 최	熹 빛날 희
魅 매혹할매	融 녹을 융	型 모형 형	璣 별이름기	旁 곁 방	閼 막을 알	胤 자손 윤	楸 가래나무추	憙 기뻐할희
枚 낱 매	貳 두 이	濠 호주 호	箕 키 기	龐 높은집방	鴨 오리 압	鈗 창 윤	鄒 추나라추	嬉 아름다울희
蔑 업신여길멸	刃 칼날 인	酷 심할 혹	耆 늙을 기	裵 성 배	埃 티끌 애	殷 은나라은	椿 참죽나무춘	禧 복 희
矛 창 모	壹 한 일	靴 신 화	騏 준마 기	筏 뗏목 벌	艾 쑥 애	垠 지경 은	沖 화할 충	羲 복희 희

3급 배정한자

却 물리칠 각
姦 간음할 간
渴 목마를 갈
皆 다 개
慨 슬퍼할 개
乞 빌 걸
牽 이끌 견
肩 어깨 견
遣 보낼 견
絹 비단 견

庚 별 경
竟 마침내 경
卿 벼슬 경
繫 맬 계
癸 북방 계
枯 마를 고
顧 돌아볼 고
坤 땅 곤
郭 둘레 곽
掛 걸 괘

塊 흙덩이 괴
愧 부끄러울 괴
郊 들 교
矯 바로잡을 교
苟 구차할 구
狗 개 구
俱 함께 구
懼 두려울 구
驅 몰 구
厥 그 궐

②

軌 바퀴자국 궤
龜 거북 귀 / 터질 균
糾 얽힐 규
叫 부르짖을 규
斤 근 근
僅 겨우 근
謹 삼갈 근
肯 즐길 긍
忌 꺼릴 기
豈 어찌 기

飢 주릴 기
旣 이미 기
棄 버릴 기
幾 몇 기
欺 속일 기
那 어찌 나
乃 이에 내
奈 어찌 내
惱 번뇌할 뇌
畓 논 답

塗 칠할 도
挑 돋울 도
跳 뛸 도
稻 벼 도
篤 도타울 독
豚 돼지 돈
敦 도타울 돈
屯 진칠 둔
鈍 둔할 둔
騰 오를 등

③

濫 넘칠 람
掠 노략질할 략
諒 살펴알 량
憐 불쌍히여길 련
劣 못할 렬
廉 청렴할 렴
獵 사냥 렵
零 떨어질 령
隷 종 례
鹿 사슴 록

僚 동료 료
了 마칠 료
淚 눈물 루
屢 여러 루
梨 배 리
隣 이웃 린
慢 거만할 만
漫 흩어질 만
忙 바쁠 망
忘 잊을 망

罔 없을 망
茫 아득할 망
埋 묻을 매
冥 어두울 명
冒 무릅쓸 모
侮 업신여길 모
某 아무 모
募 모을 모
暮 저물 모
卯 토끼 묘

④

苗 모 묘
廟 사당 묘
戊 천간 무
霧 안개 무
眉 눈썹 미
迷 미혹할 미
敏 민첩할 민
憫 민망할 민
蜜 꿀 밀
泊 머무를 박

伴 짝 반
返 돌이킬 반
叛 배반할 반
邦 나라 방
倣 본뜰 방
傍 곁 방
杯 잔 배
煩 번거로울 번
飜 번역할 번
辨 분별할 변

屛 병풍 병
竝 나란히 병
卜 점 복
蜂 벌 봉
赴 갈 부
墳 무덤 분
朋 벗 붕
崩 무너질 붕
賓 손 빈
頻 자주 빈

⑤

聘 부를 빙
巳 뱀 사
似 닮을 사
捨 버릴 사
詐 속일 사
斯 이 사
賜 줄 사
朔 초하루 삭
祥 상서 상
嘗 맛볼 상

逝 갈 서
誓 맹세할 서
庶 여러 서
敍 펼 서
暑 더울 서
昔 예 석
析 쪼갤 석
攝 다스릴 섭
涉 건널 섭
召 부를 소

昭 밝을 소
蔬 나물 소
騷 떠들 소
粟 조 속
誦 욀 송
搜 찾을 수
囚 가둘 수
須 모름지기 수
遂 드디어 수
睡 졸음 수

⑥

誰 누구 수
雖 비록 수
孰 누구 숙
殉 따라죽을 순
脣 입술 순
循 돌 순
戌 개 술
矢 화살 시
辛 매울 신
伸 펼 신

晨 새벽 신
尋 찾을 심
餓 주릴 아
岳 큰산 악
雁 기러기 안
謁 뵐 알
押 누를 압
殃 재앙 앙
涯 물가 애
厄 액 액

也 이끼 야
耶 어조사 야
躍 뛸 약
楊 버들 양
於 어조사 어
焉 어찌 언
予 나 여
汝 너 여
余 나 여
輿 수레 여

⑦

閱 볼 열
泳 헤엄칠 영
詠 읊을 영
銳 날카로울 예
汚 더러울 오
吾 나 오
娛 즐길 오
嗚 슬플 오
傲 거만할 오
擁 낄 옹

翁 늙은이 옹
臥 누울 와
曰 가로 왈
畏 두려워할 외
搖 흔들 요
遙 멀 요
腰 허리 요
庸 떳떳할 용
又 또 우
于 어조사 우

尤 더욱 우
云 이를 운
違 어긋날 위
緯 씨 위
酉 닭 유
唯 오직 유
惟 생각할 유
愈 나을 유
閏 윤달 윤
吟 읊을 음

⑧

泣 울 읍
凝 엉길 응
矣 어조사 의
宜 마땅 의
夷 오랑캐 이
而 말이을 이
姻 혼인 인
寅 범 인
玆 이 자
恣 방자할 자

酌 술부을 작
爵 벼슬 작
墻 담 장
宰 재상 재
哉 어조사 재
滴 물방울 적
竊 훔칠 절
蝶 나비 접
訂 바로잡을 정
堤 둑 제

燥 마를 조
弔 조상할 조
拙 졸할 졸
佐 도울 좌
舟 배 주
俊 준걸 준
遵 좇을 준
贈 줄 증
只 다만 지
遲 더딜 지

⑨

姪 조카 질
懲 징계할 징
且 또 차
捉 잡을 착
慘 참혹할 참
慙 부끄러울 참
暢 화창할 창
斥 물리칠 척
薦 천거할 천
尖 뾰족할 첨

添 더할 첨
妾 첩 첩
晴 갤 청
逮 잡을 체
遞 갈릴 체
替 바꿀 체
秒 분초 초
抄 뽑을 초
燭 촛불 촉
聰 귀밝을 총

抽 뽑을 추
醜 추할 추
丑 소 축
逐 좇을 축
臭 냄새 취
枕 베개 침
妥 온당할 타
墮 떨어질 타
托 맡길 탁
濁 흐릴 탁

⑩

濯 씻을 탁
誕 낳을 탄
貪 탐낼 탐
怠 게으를 태
把 잡을 파
頗 자못 파
罷 마칠 파
播 뿌릴 파
販 팔 판
貝 조개 패

遍 두루 편
蔽 덮을 폐
幣 화폐 폐
抱 안을 포
飽 배부를 포
幅 폭 폭
漂 떠다닐 표
匹 짝 필
旱 가물 한
咸 다 함

巷 거리 항
亥 돼지 해
奚 어찌 해
該 갖출 해
享 누릴 향
軒 집 헌
絃 줄 현
縣 고을 현
嫌 싫어할 혐
亨 형통할 형

⑪

螢 반딧불 형
兮 어조사 혜
互 서로 호
乎 어조사 호
毫 터럭 호
昏 어두울 혼
弘 클 홍
鴻 기러기 홍
禾 벼 화
擴 넓힐 확

穫 거둘 확
丸 둥글 환
曉 새벽 효
侯 제후 후
毁 헐 훼
輝 빛날 휘
携 이끌 휴
·
·
<3급>

3Ⅱ배정한자

佳 아름다울가
架 시렁 가
閣 집 각
脚 다리 각
肝 간 간
懇 간절할간
刊 새길 간
幹 줄기 간
鑑 거울 감
剛 굳셀 강
綱 벼리 강
鋼 강철 강
介 낄 개
概 대개 개
蓋 덮을 개
距 상거할거
乾 하늘 건
劍 칼 검
隔 사이뜰격
訣 이별할결
謙 겸손할겸
兼 겸할 겸
頃 이랑 경
耕 밭갈 경
徑 지름길경
硬 굳을 경
械 기계 계
契 맺을 계
啓 열 계
溪 시내 계
②
桂 계수나무계
鼓 북 고
姑 시어미고
稿 원고 고
哭 울 곡
谷 골 곡
恭 공손할공
恐 두려울공
貢 바칠 공
供 이바지할공
誇 자랑할과
寡 적을 과
冠 갓 관
貫 꿸 관
寬 너그러울관
慣 익숙할관
館 집 관
狂 미칠 광
怪 괴이할괴
壞 무너질괴
較 비교 교
巧 공교할교
拘 잡을 구
久 오랠 구
丘 언덕 구
菊 국화 국
弓 활 궁
拳 주먹 권
鬼 귀신 귀
菌 버섯 균
③
克 이길 극
琴 거문고금
錦 비단 금
禽 새 금
及 미칠 급
畿 경기 기
企 꾀할 기
祈 빌 기
其 그 기
騎 말탈 기
緊 긴할 긴
諾 허락할낙
娘 계집 낭
耐 견딜 내
寧 편안 녕
奴 종 노
腦 골 뇌
泥 진흙 니
茶 차 다
旦 아침 단
但 다만 단
丹 붉을 단
淡 맑을 담
踏 밟을 답
唐 당나라당
糖 엿 당
臺 대 대
貸 빌릴 대
途 길 도
陶 질그릇도
④
刀 칼 도
倒 넘어질도
桃 복숭아도
渡 건널 도
突 갑자기돌
凍 얼 동
絡 이을 락
欄 난간 란
蘭 난초 란
廊 사랑채랑
浪 물결 랑
郎 사내 랑
涼 서늘할량
梁 들보 량
勵 힘쓸 려
曆 책력 력
戀 그리워할련
鍊 쇠불릴련
聯 연이을련
蓮 연꽃 련
裂 찢어질렬
嶺 고개 령
靈 신령 령
爐 화로 로
露 이슬 로
祿 녹 록
弄 희롱할롱
賴 의뢰할뢰
雷 우레 뢰
樓 다락 루
⑤
累 자주 루
漏 샐 루
倫 인륜 륜
栗 밤 률
率 비율 률
隆 높을 륭
陵 언덕 릉
吏 관리 리
履 밟을 리
裏 속 리
臨 임할 림
麻 삼 마
磨 갈 마
漠 넓을 막
幕 장막 막
莫 없을 막
晩 늦을 만
妄 망령될망
梅 매화 매
媒 중매 매
麥 보리 맥
孟 맏 맹
盟 맹세 맹
猛 사나울맹
盲 소경 맹
綿 솜 면
眠 잘 면
免 면할 면
滅 멸할 멸
銘 새길 명
⑥
慕 그릴 모
謀 꾀 모
貌 모양 모
睦 화목할목
沒 빠질 몰
夢 꿈 몽
蒙 어두울몽
貿 무역할무
茂 무성할무
默 잠잠할묵
墨 먹 묵
紋 무늬 문
勿 말 물
微 작을 미
尾 꼬리 미
薄 엷을 박
迫 핍박할박
般 가지 반
盤 소반 반
飯 밥 반
拔 뽑을 발
芳 꽃다울방
輩 무리 배
排 밀칠 배
培 북돋을배
伯 맏 백
繁 번성할번
凡 무릇 범
碧 푸를 벽
丙 남녘 병
⑦
補 기울 보
譜 족보 보
腹 배 복
覆 덮을 복
峯 봉우리봉
封 봉할 봉
逢 만날 봉
鳳 새 봉
簿 문서 부
付 부칠 부
符 부호 부
附 붙을 부
扶 도울 부
浮 뜰 부
腐 썩을 부
賦 부세 부
奔 달릴 분
奮 떨칠 분
紛 어지러울분
拂 떨칠 불
婢 계집종비
卑 낮을 비
肥 살찔 비
妃 왕비 비
邪 간사할사
詞 말 사
司 맡을 사
沙 모래 사
祀 제사 사
蛇 긴뱀 사
⑧
斜 비낄 사
削 깎을 삭
森 수풀 삼
像 모양 상
詳 자세할상
裳 치마 상
霜 서리 상
尙 오히려상
喪 잃을 상
桑 뽕나무상
償 갚을 상
塞 찾을 색
索 막힐 색
署 마을 서
緖 실마리서
恕 용서할서
徐 천천할서
釋 풀 석
惜 아낄 석
旋 돌 선
禪 선 선
疏 트일 소
蘇 되살아날소
訴 호소할소
燒 사를 소
訟 송사할송
刷 인쇄할쇄
鎖 쇠사슬쇄
衰 쇠할 쇠
需 쓰일 수
⑨
殊 다를 수
隨 따를 수
輸 보낼 수
帥 장수 수
獸 짐승 수
愁 근심 수
壽 목숨 수
垂 드리울수
熟 익을 숙
淑 맑을 숙
瞬 눈깜짝할순
巡 돌 순
旬 열흘 순
述 펼 술
襲 엄습할습
拾 주울 습
濕 젖을 습
昇 오를 승
僧 중 승
乘 탈 승
侍 모실 시
飾 꾸밀 식
愼 삼갈 신
審 살필 심
甚 심할 심
雙 두 쌍
牙 어금니아
芽 싹 아
雅 맑을 아
亞 버금 아
⑩
阿 언덕 아
我 나 아
岸 언덕 안
顔 낯 안
巖 바위 암
央 가운데앙
仰 우러를앙
哀 슬플 애
若 같을 약
壤 흙덩이양
揚 날릴 양
讓 사양할양
御 거느릴어
抑 누를 억
憶 생각할억
譯 번역할역
役 부릴 역
驛 역 역
亦 또 역
疫 전염병역
燕 제비 연
沿 물따라갈연
軟 연할 연
宴 잔치 연
悅 기쁠 열
染 물들 염
炎 불꽃 염
鹽 소금 염
影 그림자영
譽 기릴 예
⑪
烏 까마귀오
悟 깨달을오
獄 옥 옥
瓦 기와 와
緩 느릴 완
辱 욕될 욕
慾 욕심 욕
欲 하고자할욕
愚 어리석을우
偶 짝 우
憂 근심 우
宇 집 우
羽 깃 우
韻 운 운
越 넘을 월
胃 밥통 위
謂 이를 위
僞 거짓 위
幽 그윽할유
誘 꾈 유
裕 넉넉할유
悠 멀 유
維 벼리 유
柔 부드러울유
幼 어릴 유
猶 오히려유
潤 불을 윤
乙 새 을
淫 음란할음
已 이미 이
⑫
翼 날개 익
忍 참을 인
逸 편안할일
壬 북방 임
賃 품삯 임
慈 사랑 자
刺 찌를 자
紫 자주빛자
潛 잠길 잠
暫 잠깐 잠
藏 감출 장
粧 단장할장
掌 손바닥장
莊 씩씩할장
丈 어른 장
臟 오장 장
葬 장사지낼장
載 실을 재
裁 옷마를재
栽 심을 재
抵 막을 저
著 나타날저
寂 고요할적
摘 딸 적
跡 발자취적
蹟 자취 적
笛 피리 적
殿 전각 전
漸 점점 점
亭 정자 정
⑬
廷 조정 정
征 칠 정
貞 곧을 정
淨 깨끗할정
井 우물 정
頂 정수리정
齊 가지런할제
諸 모두 제
照 비칠 조
兆 억조 조
租 조세 조
縱 세로 종
坐 앉을 좌
柱 기둥 주
洲 물가 주
宙 집 주
奏 아뢸 주
珠 구슬 주
株 그루 주
鑄 쇠불릴주
仲 버금 중
卽 곧 즉
憎 미울 증
症 증세 증
蒸 찔 증
曾 일찍 증
池 못 지
之 갈 지
枝 가지 지
振 떨칠 진
⑭
陳 베풀 진
鎭 진압할진
辰 별 진
震 우레 진
疾 병 질
秩 차례 질
執 잡을 집
徵 부를 징
此 이 차
借 빌릴 차
錯 어긋날착
贊 도울 찬
倉 곳집 창
昌 창성할창
蒼 푸를 창
彩 채색 채
菜 나물 채
債 빚 채
策 꾀 책
妻 아내 처
拓 넓힐 척
戚 친척 척
尺 자 척
踐 밟을 천
賤 천할 천
淺 얕을 천
遷 옮길 천
哲 밝을 철
徹 통할 철
滯 막힐 체
⑮
肖 닮을 초
超 뛰어넘을초
礎 주춧돌초
觸 닿을 촉
促 재촉할촉
催 재촉할최
追 쫓을 추
畜 짐승 축
衝 찌를 충
醉 취할 취
吹 불 취
側 곁 측
値 값 치
恥 부끄러울치
稚 어릴 치
漆 옻 칠
沈 잠길 침
浸 잠길 침
奪 빼앗을탈
塔 탑 탑
湯 끓을 탕
殆 거의 태
泰 클 태
澤 못 택
兎 토끼 토
吐 토할 토
透 사무칠투
版 판목 판
片 조각 편
偏 치우칠편
⑯
編 엮을 편
弊 폐단 폐
肺 허파 폐
廢 폐할 폐
浦 개 포
捕 잡을 포
楓 단풍 풍
被 입을 피
皮 가죽 피
彼 저 피
畢 마칠 필
何 어찌 하
賀 하례할하
荷 멜 하
鶴 학 학
汗 땀 한
割 벨 할
含 머금을함
陷 빠질 함
項 항목 항
恒 항상 항
響 울릴 향
獻 드릴 헌
玄 검을 현
懸 달 현
穴 굴 혈
脅 위협할협
衡 저울대형
慧 슬기로울혜
浩 넓을 호
⑰
胡 되 호
豪 호걸 호
虎 범 호
惑 미혹할혹
魂 넋 혼
忽 갑자기홀
洪 넓을 홍
禍 재앙 화
還 돌아올환
換 바꿀 환
皇 임금 황
荒 거칠 황
悔 뉘우칠회
懷 품을 회
劃 그을 획
獲 얻을 획
橫 가로 횡
胸 가슴 흉
戲 놀이 희
稀 드물 희

4급배정한자

①
暇 겨를 가
覺 깨달을각
刻 새길 각
簡 간략할간
干 방패 간
看 볼 간
敢 감히 감
甘 달 감
甲 갑옷 갑
降 내릴 강 항복할항
更 다시 갱 고칠 경
據 근거 거
拒 막을 거
居 살 거
巨 클 거
傑 뛰어날걸
儉 검소할검
激 격할 격
擊 칠 격
犬 개 견
堅 굳을 견
鏡 거울 경
傾 기울 경
驚 놀랄 경

②
戒 경계할계
季 계절 계
鷄 닭 계
階 섬돌 계
系 이어맬계
繼 이을 계
庫 곳집 고
孤 외로울고
穀 곡식 곡
困 곤할 곤
骨 뼈 골
攻 칠 공
孔 구멍 공
管 대롱 관
鑛 쇳돌 광
構 얽을 구
群 무리 군
君 임금 군
屈 굽힐 굴
窮 다할 궁
勸 권할 권
券 문서 권
卷 책 권
歸 돌아갈귀

③
均 고를 균
劇 심할 극
勤 부지런할근
筋 힘줄 근
奇 기특할기
紀 벼리 기
寄 부칠 기
機 틀 기
納 들일 납
段 층계 단
盜 도둑 도
逃 도망할도
徒 무리 도
卵 알 란
亂 어지러울란
覽 볼 람
略 간략할략
糧 양식 량
慮 생각할려
烈 매울 렬
龍 용 룡
柳 버들 류
輪 바퀴 륜
離 떠날 리

④
妹 누이 매
勉 힘쓸 면
鳴 울 명
模 본뜰 모
妙 묘할 묘
墓 무덤 묘
舞 춤출 무
拍 칠 박
髮 터럭 발
妨 방해할방
犯 범할 범
範 법 범
辯 말씀 변
普 넓을 보
複 겹칠 복
伏 엎드릴복
否 아닐 부 막힐 비
負 질 부
粉 가루 분
憤 분할 분
碑 비석 비
批 비평할비
祕 숨길 비
辭 말씀 사

⑤
私 사사 사
絲 실 사
射 쏠 사
散 흩을 산
傷 다칠 상
象 코끼리상
宣 베풀 선
舌 혀 설
屬 붙일 속
損 덜 손
松 소나무송
頌 칭송할송
秀 빼어날수
叔 아재비숙
肅 엄숙할숙
崇 높을 숭
氏 각씨 씨
額 이마 액
樣 모양 양
嚴 엄할 엄
與 더불 여
易 바꿀 역 쉬울 이
域 지경 역
鉛 납 연

⑥
延 늘일 연
緣 인연 연
燃 탈 연
營 경영할영
迎 맞을 영
映 비칠 영
豫 미리 예
優 넉넉할우
遇 만날 우
郵 우편 우
源 근원 원
援 도울 원
怨 원망할원
委 맡길 위
圍 에워쌀위
慰 위로할위
威 위엄 위
危 위태할위
遺 남길 유
遊 놀 유
儒 선비 유
乳 젖 유
隱 숨을 은
儀 거동 의
疑 의심할의
依 의지할의

⑦
異 다를 이
仁 어질 인
姿 모양 자
姉 손위누이자
資 재물 자
殘 남을 잔
雜 섞일 잡
裝 꾸밀 장
張 베풀 장
獎 장려할장
帳 장막 장
壯 장할 장
腸 창자 장
底 밑 저
績 길쌈 적
賊 도둑 적
適 맞을 적
籍 문서 적
積 쌓을 적
轉 구를 전
錢 돈 전
專 오로지전
折 꺾을 절
點 점 점
占 점령할점
整 가지런할정

⑧
靜 고요할정
丁 장정 정
帝 임금 제
條 가지 조
潮 조수 조
組 짤 조
存 있을 존
鍾 쇠북 종
從 좇을 종
座 자리 좌
周 두루 주
朱 붉을 주
酒 술 주
證 증거 증
持 가질 지
誌 기록할지
智 지혜 지
織 짤 직
盡 다할 진
珍 보배 진
陣 진칠 진
差 다를 차
讚 기릴 찬
採 캘 채
冊 책 책
泉 샘 천

⑨
廳 관청 청
聽 들을 청
招 부를 초
推 밀 추
縮 줄일 축
就 나아갈취
趣 뜻 취
層 층 층
針 바늘 침
寢 잘 침
稱 일컬을칭
歎 탄식할탄
彈 탄알 탄
脫 벗을 탈
探 찾을 탐
擇 가릴 택
討 칠 토
痛 아플 통
投 던질 투
鬪 싸움 투
派 갈래 파
判 판단할판
篇 책 편
評 평할 평
閉 닫을 폐
胞 세포 포

⑩
爆 불터질폭
標 표할 표
疲 피곤할피
避 피할 피
恨 한 한
閑 한가할한
抗 겨룰 항
核 씨 핵
憲 법 헌
險 험할 험
革 가죽 혁
顯 나타날현
刑 형벌 형
或 혹 혹
混 섞을 혼
婚 혼인할혼
紅 붉을 홍
華 빛날 화
環 고리 환
歡 기쁠 환
況 상황 황
灰 재 회
候 기후 후
厚 두터울후
揮 휘두를휘
喜 기쁠 희
<4급>

4Ⅱ배정한자

①
街 거리 가
假 거짓 가
減 덜 감
監 볼 감
康 편안 강
講 욀 강
個 낱 개
檢 검사할검
潔 깨끗할결
缺 이지러질결
慶 경사 경
警 깨우칠경
境 지경 경
經 지날 경
係 맬 계
故 연고 고
官 벼슬 관
求 구할 구
句 글귀 구
究 연구할구
宮 집 궁
權 권세 권
極 극진할극
禁 금할 금

②
器 그릇 기
起 일어날기
暖 따뜻할난
難 어려울난
怒 성낼 노
努 힘쓸 노
斷 끊을 단
端 끝 단
檀 박달나무단
單 홑 단
達 통달할달
擔 멜 담
黨 무리 당
帶 띠 대
隊 무리 대
導 인도할도
督 감독할독
毒 독 독
銅 구리 동
斗 말 두
豆 콩 두
得 얻을 득
燈 등 등
羅 벌릴 라

③
兩 두 량
麗 고울 려
連 이을 련
列 벌릴 렬
錄 기록할록
論 논할 론
留 머무를류
律 법칙 률
滿 찰 만
脈 줄기 맥
毛 터럭 모
牧 칠 목
武 호반 무
務 힘쓸 무
味 맛 미
未 아닐 미
密 빽빽할밀
博 넓을 박
防 막을 방
房 방 방
訪 찾을 방
配 나눌 배
背 등 배
拜 절 배

④
罰 벌할 벌
伐 칠 벌
壁 벽 벽
邊 가 변
報 갚을 보
步 걸음 보
寶 보배 보
保 지킬 보
復 회복할복
府 마을 부
婦 며느리부
副 버금 부

富 부자 부
佛 부처 불
備 갖출 비
飛 날 비
悲 슬플 비
非 아닐 비
貧 가난할빈
謝 사례할사
師 스승 사
寺 절 사
舍 집 사
殺 죽일 살
⑤
狀 형상 상
常 떳떳할상
床 상 상
想 생각 상
設 베풀 설
星 별 성
聖 성인 성
盛 성할 성
聲 소리 성
城 재 성
誠 정성 성
細 가늘 세
稅 세금 세
勢 형세 세
素 본디 소
掃 쓸 소
笑 웃음 소
續 이을 속
俗 풍속 속
送 보낼 송
收 거둘 수
修 닦을 수
受 받을 수
授 줄 수
⑥
守 지킬 수
純 순수할순
承 이을 승
施 베풀 시
視 볼 시
詩 시 시
試 시험 시
是 이 시
息 쉴 식
申 납 신
深 깊을 심
眼 눈 안
暗 어두울암
壓 누를 압
液 진 액
羊 양 양
如 같을 여
餘 남을 여
逆 거스릴역
演 펼 연
硏 갈 연
煙 연기 연
榮 영화 영
藝 재주 예
誤 그르칠오
玉 구슬 옥
⑦
往 갈 왕
謠 노래 요
容 얼굴 용
圓 둥글 원
員 인원 원
衛 지킬 위
爲 할 위
肉 고기 육
恩 은혜 은
陰 그늘 음
應 응할 응
義 옳을 의
議 의논할의
移 옮길 이
益 더할 익
引 끌 인
印 도장 인
認 알 인
障 막을 장
將 장수 장
低 낮을 저
敵 대적할적
田 밭 전
絶 끊을 절
接 이을 접
程 길 정
⑧
政 정사 정
精 정할 정
濟 건널 제
提 끌 제
制 절제할제
際 즈음 제
除 덜 제
祭 제사 제
製 지을 제
助 도울 조
鳥 새 조
早 이를 조
造 지을 조
尊 높을 존
宗 마루 종
走 달릴 주
竹 대 죽
準 준할 준
衆 무리 중
增 더할 증
指 가리킬지
志 뜻 지
至 이를 지
支 지탱할지
職 직분 직
進 나아갈진
⑨
眞 참 진
次 버금 차
察 살필 찰
創 비롯할창
處 곳 처
請 청할 청
總 다 총
銃 총 총
蓄 모을 축
築 쌓을 축
蟲 벌레 충
忠 충성 충
取 가질 취
測 헤아릴측
治 다스릴치
置 둘 치
齒 이 치
侵 침노할침
快 쾌할 쾌
態 모습 태
統 거느릴통
退 물러날퇴
破 깨뜨릴파
波 물결 파
砲 대포 포
布 베 포
⑩
包 쌀 포
暴 사나울폭
票 표 표
豐 풍년 풍
限 한할 한
航 배 항
港 항구 항
解 풀 해
鄕 시골 향
香 향기 향
虛 빌 허
驗 시험할험
賢 어질 현
血 피 혈
協 화할 협
惠 은혜 혜
好 좋을 호
護 도울 호
呼 부를 호
戶 집 호
貨 재물 화
確 굳을 확
回 돌아올회
吸 마실 흡
興 일 흥
希 바랄 희
·
·
·
·
·
·
<4Ⅱ>

5급배정한자

①
加 더할 가
可 옳을 가
改 고칠 개
去 갈 거
擧 들 거
健 굳셀 건
件 물건 건
建 세울 건
輕 가벼울경
競 다툴 경
景 볕 경
固 굳을 고
考 생각할고
曲 굽을 곡
橋 다리 교
救 구원할구
貴 귀할 귀
規 법 규
給 줄 급
汽 물끓는김기
期 기약할기
技 재주 기
吉 길할 길
壇 단 단
談 말씀 담
②
都 도읍 도
島 섬 도
落 떨어질락
冷 찰 랭
量 헤아릴량
領 거느릴령
令 하여금령
料 헤아릴료
馬 말 마
末 끝 말
亡 망할 망
買 살 매
賣 팔 매
無 없을 무
倍 곱 배
費 쓸 비
比 견줄 비
鼻 코 비
氷 얼음 빙
寫 베낄 사
査 조사할사
思 생각 사
賞 상줄 상
序 차례 서
選 가릴 선
③
船 배 선
善 착할 선
示 보일 시
案 책상 안
魚 고기 어
漁 고기잡을어
億 억 억
熱 더울 열
葉 잎 엽
屋 집 옥
完 완전할완
曜 빛날 요
浴 목욕할욕
牛 소 우
雄 수컷 웅
院 집 원
原 언덕 원
願 원할 원
位 자리 위
耳 귀 이
因 인할 인
災 재앙 재
再 두 재
爭 다툴 쟁
貯 쌓을 저
④
赤 붉을 적
停 머무를정
操 잡을 조
終 마칠 종
罪 허물 죄
止 그칠 지
唱 부를 창
鐵 쇠 철
初 처음 초
最 가장 최
祝 빌 축
致 이를 치
則 법칙 칙
他 다를 타
打 칠 타
卓 높을 탁
炭 숯 탄
板 널 판
敗 패할 패
河 물 하
寒 찰 한
許 허락 허
湖 호수 호
患 근심 환
黑 검을 흑

5Ⅱ배정한자

①
價 값 가
客 손 객
格 격식 격
見 볼 견
決 결단할결
結 맺을 결
敬 공경 경
告 고할 고
課 공부할과
過 지날 과
關 관계할관
觀 볼 관
廣 넓을 광
具 갖출 구
舊 예 구
局 판 국
己 몸 기
基 터 기
念 생각 념
能 능할 능
團 둥글 단
當 마땅 당
德 큰 덕
到 이를 도
獨 홀로 독
②
朗 밝을 랑
良 어질 량
旅 나그네려
歷 지날 력
練 익힐 련
勞 일할 로
類 무리 류
流 흐를 류
陸 뭍 륙
望 바랄 망
法 법 법
變 변할 변
兵 병사 병
福 복 복
奉 받들 봉
史 사기 사
士 선비 사
仕 섬길 사
産 낳을 산
相 서로 상
商 장사 상
鮮 고울 선
仙 신선 선
說 말씀 설
性 성품 성
③
洗 씻을 세
歲 해 세
束 묶을 속
首 머리 수
宿 잘 숙
順 순할 순
識 알 식
臣 신하 신
實 열매 실
兒 아이 아
惡 악할 악
約 맺을 약
養 기를 양
要 요긴할요
友 벗 우
雨 비 우
雲 구름 운
元 으뜸 원
偉 클 위
以 써 이

任 맡길 임
材 재목 재
財 재물 재
的 과녁 적
典 법 전
④
傳 전할 전
展 펼 전
切 끊을 절
節 마디 절
店 가게 점
情 뜻 정
調 고를 조
卒 마칠 졸
種 씨 종
週 주일 주
州 고을 주
知 알 지
質 바탕 질
着 붙을 착
參 참여할 참
責 꾸짖을 책
充 채울 충
宅 집 택
品 물건 품
必 반드시 필
筆 붓 필
害 해할 해
化 될 화
效 본받을 효
凶 흉할 흉

6급배정한자

①
感 느낄 감
強 강할 강
開 열 개
京 서울 경
苦 쓸 고
古 예 고
交 사귈 교
區 구분할 구
郡 고을 군
近 가까울 근
根 뿌리 근

級 등급 급
多 많을 다
待 기다릴 대
度 법도 도
頭 머리 두
例 법식 례
禮 예도 례
路 길 로
②
綠 푸를 록
李 오얏 리
目 눈 목
米 쌀 미
美 아름다울 미
朴 성 박
番 차례 번
別 다를 별
病 병 병
服 옷 복
本 근본 본
死 죽을 사
使 하여금 사
石 돌 석
席 자리 석
速 빠를 속
孫 손자 손
樹 나무 수
習 익힐 습
③
勝 이길 승
式 법 식
失 잃을 실
愛 사랑 애
野 들 야
夜 밤 야
陽 볕 양
洋 큰바다 양
言 말씀 언
永 길 영
英 꽃부리 영
溫 따뜻할 온
園 동산 원
遠 멀 원
油 기름 유
由 말미암을 유

銀 은 은
衣 옷 의
醫 의원 의
④
者 놈 자
章 글 장
在 있을 재
定 정할 정
朝 아침 조
族 겨레 족
晝 낮 주
親 친할 친
太 클 태
通 통할 통
特 특별할 특
合 합할 합
行 다닐 행
向 향할 향
號 이름 호
畫 그림 화
黃 누를 황
訓 가르칠 훈

6Ⅱ배정한자

①
各 각각 각
角 뿔 각
計 셀 계
界 지경 계
高 높을 고
功 공 공
公 공평할 공
共 한가지 공
科 과목 과
果 실과 과
光 빛 광
球 공 구
今 이제 금
急 급할 급
短 짧을 단
堂 집 당
代 대신 대
對 대할 대
圖 그림 도
②
讀 읽을 독
童 아이 동
等 무리 등
樂 즐길 락
利 이할 리
理 다스릴 리
明 밝을 명
聞 들을 문
班 나눌 반
反 돌아올 반
半 반 반
發 필 발
放 놓을 방
部 떼 부
分 나눌 분
社 모일 사
書 글 서
線 줄 선
雪 눈 설
③
省 살필 성
成 이룰 성
消 사라질 소
術 재주 술
始 비로소 시
神 귀신 신
身 몸 신
信 믿을 신
新 새 신
藥 약 약
弱 약할 약
業 업 업
勇 날랠 용
用 쓸 용
運 옮길 운
飮 마실 음
音 소리 음
意 뜻 의
昨 어제 작
④
作 지을 작
才 재주 재
戰 싸울 전
庭 뜰 정
題 제목 제

第 차례 제
注 부을 주
集 모을 집
窓 창 창
淸 맑을 청
體 몸 체
表 겉 표
風 바람 풍
幸 다행 행
現 나타날 현
形 모양 형
和 화할 화
會 모일 회

7급배정한자

①
歌 노래 가
口 입 구
旗 기 기
冬 겨울 동
洞 골 동
同 한가지 동
登 오를 등
來 올 래
老 늙을 로
里 마을 리
林 수풀 림
面 낯 면
命 목숨 명
②
文 글월 문
問 물을 문
百 일백 백
夫 지아비 부
算 셈 산
色 빛 색
夕 저녁 석
所 바 소
少 적을 소
數 셈 수
植 심을 식
心 마음 심
語 말씀 어
③
然 그럴 연

有 있을 유
育 기를 육
邑 고을 읍
入 들 입
字 글자 자
祖 할아비 조
住 살 주
主 주인 주
重 무거울 중
地 땅 지
紙 종이 지
川 내 천
④
千 일천 천
天 하늘 천
草 풀 초
村 마을 촌
秋 가을 추
春 봄 춘
出 날 출
便 편할 편
夏 여름 하
花 꽃 화
休 쉴 휴

7Ⅱ배정한자

①
家 집 가
間 사이 간
江 강 강
車 수레 거
空 빌 공
工 장인 공
記 기록할 기
氣 기운 기
男 사내 남
內 안 내
農 농사 농
答 대답 답
②
道 길 도
動 움직일 동
力 힘 력
立 설 립
每 매양 매

名 이름 명
物 물건 물
方 모 방
不 아닐 불
事 일 사
上 위 상
姓 성 성
③
世 인간 세
手 손 수
時 때 시
市 저자 시
食 먹을 식
安 편안 안
午 낮 오
右 오른 우
自 스스로 자
子 아들 자
場 마당 장
電 번개 전
前 앞 전
全 온전 전
④
正 바를 정
足 발 족
左 왼 좌
直 곧을 직
平 평평할 평
下 아래 하
漢 한수 한
海 바다 해
話 말씀 화
活 살 활
孝 효도 효
後 뒤 후

8급배정한자

教 가르칠 교
校 학교 교
九 아홉 구
國 나라 국
軍 군사 군
金 쇠 금
南 남녘 남
女 계집 녀

年 해 년
大 큰 대
東 동녘 동
六 여섯 륙
萬 일만 만
②
母 어미 모
木 나무 목
門 문 문
民 백성 민
白 흰 백
父 아비 부
北 북녘 북
四 넉 사
山 메 산
三 석 삼
生 날 생
西 서녘 서
先 먼저 선
③
小 작을 소
水 물 수
室 집 실
十 열 십
五 다섯 오
王 임금 왕
外 바깥 외
月 달 월
二 두 이
人 사람 인
日 날 일
一 한 일
長 긴 장
④
弟 아우 제
中 가운데 중
青 푸를 청
寸 마디 촌
七 일곱 칠
土 흙 토
八 여덟 팔
學 배울 학
韓 나라 한
兄 형 형
火 불 화

반대자정답

可(否)
干(滿)
剛(柔)
乾(濕)
硬(軟)
經(緯)
慶(弔)
京(鄕)
姑(婦)
功(過)
公(私)
勤(怠)
起(伏)
難(易)
勞(使)
濃(淡)
單(複)
旦(夕)
貸(借)
動(靜)
得(失)
文(武)
美(醜)
方(圓)
煩(簡)
腹(背)
浮(沈)
賓(主)
賞(罰)
盛(衰)
疏(密)
損(益)
送(迎)
需(給)
首(尾)
收(支)
叔(姪)
昇(降)
是(非)
伸(縮)

深(淺)
安(危)
愛(憎)
哀(歡)
抑(揚)
榮(辱)
盈(虛)
銳(鈍)
緩(急)
優(劣)
陰(陽)
利(鈍)
任(免)
雌(雄)
長(幼)
早(晩)
存(亡)
尊(卑)
縱(橫)
主(從)
衆(寡)
增(減)
眞(假)
進(退)
集(配)
贊(反)
添(削)
淸(濁)
取(捨)
親(疏)
表(裏)
彼(此)
寒(暖)
虛(實)
賢(愚)
好(惡)
呼(吸)
禍(福)
厚(薄)
喜(悲)

유의자정답

(繼)紹
(雇)傭
(恐)怖
(關)鍵
(窮)僻
(沒)溺
(紡)績
(補)繕
(寺)刹
(商)賈
(祥)瑞
(船)舶
(巡)廻
(哀)悼
(誤)謬
(醫)療
(贈)呈
(請)託
(趣)旨
(皮)膚
憩(息)
揭(揚)
購(買)
鍛(鍊)
網(羅)
沐(浴)
賠(償)
汎(濫)
匪(賊)
赦(免)
飼(育)
纖(細)
厭(惡)
尉(官)
彫(刻)
措(置)
窒(塞)
滄(海)
撤(收)
締(結)

覺(悟)
堅(固)
牽(引)
經(歷)
孤(獨)
攻(擊)
恭(敬)
貢(獻)
過(去)
群(衆)
飢(餓)
徒(黨)
敦(篤)
勉(勵)
配(偶)
墳(墓)
賓(客)
洗(濯)
施(設)
尋(訪)
容(易)
憂(愁)
隆(盛)
認(識)
慈(愛)
姿(態)
整(齊)
製(造)
租(稅)
造(作)
朱(紅)
憎(惡)
珍(寶)
菜(蔬)
處(所)
尺(度)
蓄(積)
捕(獲)
畢(竟)
恒(常)

반대어정답

架空 - 實在
干涉 - 放任
官尊 - 民卑
強硬 - 柔和
降臨 - 昇天
強制 - 任意
巨富 - 極貧
決裂 - 合意
決定 - 留保
結合 - 分離
故意 - 過失
固定 - 流動
空前 - 絶後
寬大 - 嚴格
巧妙 - 拙劣
郊外 - 都心
拘束 - 放免
具體 - 抽象
僅少 - 過多
近接 - 遠隔
禁止 - 解禁
急激 - 緩慢
奇拔 - 平凡
飢餓 - 飽食
樂園 - 地獄
濫用 - 節約
內包 - 外延
老鍊 - 未熟
動搖 - 安定
鈍濁 - 銳利
末尾 - 冒頭
滅亡 - 隆盛
名目 - 實質
返濟 - 借用

發生 - 消滅
白髮 - 紅顔
白晝 - 深夜
繁忙 - 閑散
保守 - 革新
普遍 - 特殊
本質 - 現象
分解 - 合成
酸化 - 還元
喪失 - 獲得
相違 - 類似
性急 - 悠長
洗練 - 稚拙
續行 - 中止
抑制 - 促進
憐憫 - 憎惡
劣惡 - 優良
厭世 - 樂天
誤報 - 眞相
憂鬱 - 明朗
憂柔 - 剛健
原理 - 應用
遠洋 - 近海
隆起 - 滅亡
隱蔽 - 露出
凝固 - 融解
理論 - 實際
離脫 - 接近
諮問 - 議決
雌伏 - 雄飛
絶長 - 補短
整頓 - 亂雜
聰明 - 愚鈍
紅塵 - 仙界

약자정답				
價 - (価)	黨 - (党)	竝 - (並)	譽 - (誉)	參 - (参)
假 - (仮)	當 - (当)	寶 - (宝)	藝 - (芸)	處 - (処)
個 - (个)	對 - (対)	佛 - (仏)	圍 - (囲)	遷 - (迁)
蓋 - (盖)	圖 - (図)	辭 - (辞)	應 - (応)	鐵 - (鉄)
據 - (拠)	獨 - (独)	寫 - (写)	貳 - (弐)	聽 - (聴)
傑 - (杰)	讀 - (読)	嘗 - (甞)	壹 - (壱)	廳 - (庁)
擊 - (撃)	燈 - (灯)	釋 - (釈)	殘 - (残)	體 - (体)
輕 - (軽)	亂 - (乱)	攝 - (摂)	蠶 - (蚕)	遞 - (逓)
繼 - (継)	來 - (来)	歲 - (岁)	哉 - (戋)	觸 - (触)
觀 - (观)	兩 - (両)	屬 - (属)	戰 - (战)	總 - (総)
關 - (関)	勵 - (励)	壽 - (寿)	傳 - (伝)	醉 - (酔)
廣 - (広)	獵 - (猟)	數 - (数)	竊 - (窃)	漆 - (柒)
舊 - (旧)	靈 - (灵)	濕 - (湿)	點 - (点)	稱 - (称)
區 - (区)	禮 - (礼)	實 - (実)	定 - (㝎)	墮 - (堕)
國 - (国)	爐 - (炉)	雙 - (双)	濟 - (済)	擇 - (択)
權 - (权)	錄 - (录)	惡 - (悪)	條 - (条)	解 - (觧)
龜 - (亀)	龍 - (竜)	巖 - (岩)	從 - (从)	獻 - (献)
歸 - (帰)	離 - (难)	壓 - (圧)	晝 - (昼)	驗 - (験)
棄 - (弃)	麥 - (麦)	礙 - (碍)	證 - (証)	縣 - (県)
斷 - (断)	夢 - (梦)	餘 - (余)	遲 - (遅)	惠 - (恵)
團 - (団)	發 - (発)	與 - (与)	盡 - (尽)	號 - (号)
擔 - (担)	變 - (変)	譯 - (訳)	珍 - (珎)	畫 - (画)
	邊 - (辺)	鹽 - (塩)	質 - (貭)	會 - (会)

고사성어정답			
間(於)(齊)楚	四(面)楚(歌)	刻(骨)難(忘)	騷(人)墨(客)
擧棋(不)(定)	(雪)膚花(容)	感(慨)無(量)	脣(亡)齒(寒)
孤(身)隻(影)	纖纖(玉)(手)	敬(而)遠(之)	哀(乞)伏(乞)
瓜(田)(李)下	松(茂)柏(悅)	鷄(鳴)狗(盜)	羊(頭)狗(肉)
膠(柱)(鼓)瑟	(宋)襄之(仁)	矯(角)殺(牛)	烏(飛)梨(落)
男(負)女(戴)	(藥)籠(中)物	勸(善)懲(惡)	曰(可)曰(否)
籠(鳥)戀(雲)	(魚)魯不(辨)	近(朱)者(赤)	腰(折)腹(痛)
多(錢)(善)賈	(魚)網(鴻)離	錦(上)添(花)	唯(一)無(二)
(凍)足(放)尿	(如)鼓(琴)瑟	今(昔)之(感)	一(魚)濁(水)
杜門(不)(出)	(榮)枯(一)炊	路(柳)墻(花)	朝(令)暮(改)
麻(中)(之)蓬	(瓦)釜(雷)鳴	綠(楊)芳(草)	朝(三)暮(四)
萬(頃)滄(波)	雲(雨)之(情)	斷(機)之(敎)	徹(頭)徹(尾)
(萬)壽(無)疆	(人)溺(己)溺	獨(也)靑(靑)	貪(官)汚(吏)
晩(時)之(歎)	(一)網(打)盡	同(病)相(憐)	布(衣)之(交)
亡(羊)之(歎)	(戰)(戰)兢兢	莫(無)可(奈)	匹(夫)之(勇)
(望)洋之(歎)	池(魚)之(殃)	萬(事)休(矣)	匹(夫)匹(婦)
梅(妻)鶴(子)	(車)胤聚(螢)	罔(極)之(恩)	下(石)上(臺)
猛(虎)伏(草)	借(廳)(借)閨	忘(年)之(交)	鶴(首)苦(待)
面(壁)九(年)	隻(手)空(拳)	門(前)乞(食)	恒(茶)飯(事)
盤(溪)曲(徑)	天(方)(地)軸	拔(山)蓋(世)	賢(母)良(妻)
旁岐(曲)(徑)	天(衣)無(縫)	背(恩)忘(德)	螢(雪)之(功)
不(俱)戴(天)	(靑)出(於)藍	附(和)雷(同)	昏(定)晨(省)
(不)撤(晝)夜	(汗)牛(充)棟	朋(友)有(信)	紅(爐)點(雪)
	(好)事(多)魔	四(分)五(裂)	厚(顔)無(恥)

수험번호 □□□-□□-□□□□□ 성명 □□□□□

주민등록번호 □□□□□□-□□□□□□□ ※ 유성 싸인펜, 붉은색 필기구 사용 불가.

※답안지는 컴퓨터로 처리되므로 구기거나 더럽히지 마시고, 정답 칸 안에만 쓰십시오. 글씨가 채점란으로 들어오면 오답처리가 됩니다.

전국한자능력검정시험 급 회 답안지

번호	답안란	번호	답안란	번호	답안란	번호	답안란	번호	답안란	번호	답안란
1		26		51		76		101		126	
2		27		52		77		102		127	
3		28		53		78		103		128	
4		29		54		79		104		129	
5		30		55		80		105		130	
6		31		56		81		106		131	
7		32		57		82		107		132	
8		33		58		83		108		133	
9		34		59		84		109		134	
10		35		60		85		110		135	
11		36		61		86		111		136	
12		37		62		87		112		137	
13		38		63		88		113		138	
14		39		64		89		114		139	
15		40		65		90		115		140	
16		41		66		91		116		141	
17		42		67		92		117		142	
18		43		68		93		118		143	
19		44		69		94		119		144	
20		45		70		95		120		145	
21		46		71		96		121		146	
22		47		72		97		122		147	
23		48		73		98		123		148	
24		49		74		99		124		149	
25		50		75		100		125		150	

감독위원	채점위원(1)		채점위원(2)		채점위원(3)		점수
(서명)	(득점)	(서명)	(득점)	(서명)	(득점)	(서명)	/150

수험번호 □□□-□□-□□□□ 성명 □□□□□

주민등록번호 □□□□□□-□□□□□□□ ※ 유성 싸인펜, 붉은색 필기구 사용 불가.

※답안지는 컴퓨터로 처리되므로 구기거나 더럽히지 마시고, 정답 칸 안에만 쓰십시오. 글씨가 채점란으로 들어오면 오답처리가 됩니다.

전국한자능력검정시험 급 회 답안지

번호	답안란	번호	답안란	번호	답안란	번호	답안란	번호	답안란	번호	답안란
1		26		51		76		101		126	
2		27		52		77		102		127	
3		28		53		78		103		128	
4		29		54		79		104		129	
5		30		55		80		105		130	
6		31		56		81		106		131	
7		32		57		82		107		132	
8		33		58		83		108		133	
9		34		59		84		109		134	
10		35		60		85		110		135	
11		36		61		86		111		136	
12		37		62		87		112		137	
13		38		63		88		113		138	
14		39		64		89		114		139	
15		40		65		90		115		140	
16		41		66		91		116		141	
17		42		67		92		117		142	
18		43		68		93		118		143	
19		44		69		94		119		144	
20		45		70		95		120		145	
21		46		71		96		121		146	
22		47		72		97		122		147	
23		48		73		98		123		148	
24		49		74		99		124		149	
25		50		75		100		125		150	

감독위원	채점위원(1)		채점위원(2)		채점위원(3)		점수
(서명)	(득점)	(서명)	(득점)	(서명)	(득점)	(서명)	/150

수험번호 □□□-□□-□□□□ 성명 □□□□□

주민등록번호 □□□□□□-□□□□□□□ ※ 유성 싸인펜, 붉은색 필기구 사용 불가.

※답안지는 컴퓨터로 처리되므로 구기거나 더럽히지 마시고, 정답 칸 안에만 쓰십시오. 글씨가 채점란으로 들어오면 오답처리가 됩니다.

전국한자능력검정시험 급 회 답안지

번호	답안란	번호	답안란	번호	답안란	번호	답안란	번호	답안란	번호	답안란
1		26		51		76		101		126	
2		27		52		77		102		127	
3		28		53		78		103		128	
4		29		54		79		104		129	
5		30		55		80		105		130	
6		31		56		81		106		131	
7		32		57		82		107		132	
8		33		58		83		108		133	
9		34		59		84		109		134	
10		35		60		85		110		135	
11		36		61		86		111		136	
12		37		62		87		112		137	
13		38		63		88		113		138	
14		39		64		89		114		139	
15		40		65		90		115		140	
16		41		66		91		116		141	
17		42		67		92		117		142	
18		43		68		93		118		143	
19		44		69		94		119		144	
20		45		70		95		120		145	
21		46		71		96		121		146	
22		47		72		97		122		147	
23		48		73		98		123		148	
24		49		74		99		124		149	
25		50		75		100		125		150	

감독위원	채점위원(1)		채점위원(2)		채점위원(3)		점수
(서명)	(득점)	(서명)	(득점)	(서명)	(득점)	(서명)	/150

수험번호 □□□-□□-□□□□ 성명 □□□□□

주민등록번호 □□□□□□-□□□□□□□ ※ 유성 싸인펜, 붉은색 필기구 사용 불가.

※답안지는 컴퓨터로 처리되므로 구기거나 더럽히지 마시고, 정답 칸 안에만 쓰십시오. 글씨가 채점란으로 들어오면 오답처리가 됩니다.

전국한자능력검정시험 급 회 답안지

번호	답안란	번호	답안란	번호	답안란	번호	답안란	번호	답안란	번호	답안란
1		26		51		76		101		126	
2		27		52		77		102		127	
3		28		53		78		103		128	
4		29		54		79		104		129	
5		30		55		80		105		130	
6		31		56		81		106		131	
7		32		57		82		107		132	
8		33		58		83		108		133	
9		34		59		84		109		134	
10		35		60		85		110		135	
11		36		61		86		111		136	
12		37		62		87		112		137	
13		38		63		88		113		138	
14		39		64		89		114		139	
15		40		65		90		115		140	
16		41		66		91		116		141	
17		42		67		92		117		142	
18		43		68		93		118		143	
19		44		69		94		119		144	
20		45		70		95		120		145	
21		46		71		96		121		146	
22		47		72		97		122		147	
23		48		73		98		123		148	
24		49		74		99		124		149	
25		50		75		100		125		150	

감독위원	채점위원(1)		채점위원(2)		채점위원(3)		점수
(서명)	(득점)	(서명)	(득점)	(서명)	(득점)	(서명)	/150

수험번호 □□□-□□-□□□□□ 성명 □□□□□

주민등록번호 □□□□□□-□□□□□□□ ※ 유성 싸인펜, 붉은색 필기구 사용 불가.

※답안지는 컴퓨터로 처리되므로 구기거나 더럽히지 마시고, 정답 칸 안에만 쓰십시오. 글씨가 채점란으로 들어오면 오답처리가 됩니다.

전국한자능력검정시험 급 회 답안지

번호	답안란	번호	답안란	번호	답안란	번호	답안란	번호	답안란	번호	답안란
1		26		51		76		101		126	
2		27		52		77		102		127	
3		28		53		78		103		128	
4		29		54		79		104		129	
5		30		55		80		105		130	
6		31		56		81		106		131	
7		32		57		82		107		132	
8		33		58		83		108		133	
9		34		59		84		109		134	
10		35		60		85		110		135	
11		36		61		86		111		136	
12		37		62		87		112		137	
13		38		63		88		113		138	
14		39		64		89		114		139	
15		40		65		90		115		140	
16		41		66		91		116		141	
17		42		67		92		117		142	
18		43		68		93		118		143	
19		44		69		94		119		144	
20		45		70		95		120		145	
21		46		71		96		121		146	
22		47		72		97		122		147	
23		48		73		98		123		148	
24		49		74		99		124		149	
25		50		75		100		125		150	

감독위원	채점위원(1)		채점위원(2)		채점위원(3)		점수
(서명)	(득점)	(서명)	(득점)	(서명)	(득점)	(서명)	/150

■ 사단법인 한국어문회 · 한자능력검정회 주관

수험번호 □□□-□□-□□□□□ 성명 □□□□□

주민등록번호 □□□□□□-□□□□□□□ ※ 유성 싸인펜, 붉은색 필기구 사용 불가.

※답안지는 컴퓨터로 처리되므로 구기거나 더럽히지 마시고, 정답 칸 안에만 쓰십시오. 글씨가 채점란으로 들어오면 오답처리가 됩니다.

전국한자능력검정시험 급 회 답안지

번호	답안란	번호	답안란	번호	답안란	번호	답안란	번호	답안란	번호	답안란
1		26		51		76		101		126	
2		27		52		77		102		127	
3		28		53		78		103		128	
4		29		54		79		104		129	
5		30		55		80		105		130	
6		31		56		81		106		131	
7		32		57		82		107		132	
8		33		58		83		108		133	
9		34		59		84		109		134	
10		35		60		85		110		135	
11		36		61		86		111		136	
12		37		62		87		112		137	
13		38		63		88		113		138	
14		39		64		89		114		139	
15		40		65		90		115		140	
16		41		66		91		116		141	
17		42		67		92		117		142	
18		43		68		93		118		143	
19		44		69		94		119		144	
20		45		70		95		120		145	
21		46		71		96		121		146	
22		47		72		97		122		147	
23		48		73		98		123		148	
24		49		74		99		124		149	
25		50		75		100		125		150	

감독위원	채점위원(1)		채점위원(2)		채점위원(3)		점수
(서명)	(득점)	(서명)	(득점)	(서명)	(득점)	(서명)	/150

수험번호 □□□-□□-□□□□□ 성명 □□□□□

주민등록번호 □□□□□□-□□□□□□□ ※ 유성 싸인펜, 붉은색 필기구 사용 불가.

※답안지는 컴퓨터로 처리되므로 구기거나 더럽히지 마시고, 정답 칸 안에만 쓰십시오. 글씨가 채점란으로 들어오면 오답처리가 됩니다.

전국한자능력검정시험 급 회 답안지

번호	답안란	번호	답안란	번호	답안란	번호	답안란	번호	답안란	번호	답안란
1		26		51		76		101		126	
2		27		52		77		102		127	
3		28		53		78		103		128	
4		29		54		79		104		129	
5		30		55		80		105		130	
6		31		56		81		106		131	
7		32		57		82		107		132	
8		33		58		83		108		133	
9		34		59		84		109		134	
10		35		60		85		110		135	
11		36		61		86		111		136	
12		37		62		87		112		137	
13		38		63		88		113		138	
14		39		64		89		114		139	
15		40		65		90		115		140	
16		41		66		91		116		141	
17		42		67		92		117		142	
18		43		68		93		118		143	
19		44		69		94		119		144	
20		45		70		95		120		145	
21		46		71		96		121		146	
22		47		72		97		122		147	
23		48		73		98		123		148	
24		49		74		99		124		149	
25		50		75		100		125		150	

감독위원	채점위원(1)		채점위원(2)		채점위원(3)		점수
(서명)	(득점)	(서명)	(득점)	(서명)	(득점)	(서명)	/150

수험번호 □□□-□□-□□□□ 성명 □□□□□

주민등록번호 □□□□□□-□□□□□□□ ※ 유성 싸인펜, 붉은색 필기구 사용 불가.

※답안지는 컴퓨터로 처리되므로 구기거나 더럽히지 마시고, 정답 칸 안에만 쓰십시오. 글씨가 채점란으로 들어오면 오답처리가 됩니다.

전국한자능력검정시험 급 회 답안지

번호	답안란	번호	답안란	번호	답안란	번호	답안란	번호	답안란	번호	답안란
1		26		51		76		101		126	
2		27		52		77		102		127	
3		28		53		78		103		128	
4		29		54		79		104		129	
5		30		55		80		105		130	
6		31		56		81		106		131	
7		32		57		82		107		132	
8		33		58		83		108		133	
9		34		59		84		109		134	
10		35		60		85		110		135	
11		36		61		86		111		136	
12		37		62		87		112		137	
13		38		63		88		113		138	
14		39		64		89		114		139	
15		40		65		90		115		140	
16		41		66		91		116		141	
17		42		67		92		117		142	
18		43		68		93		118		143	
19		44		69		94		119		144	
20		45		70		95		120		145	
21		46		71		96		121		146	
22		47		72		97		122		147	
23		48		73		98		123		148	
24		49		74		99		124		149	
25		50		75		100		125		150	

감독위원	채점위원(1)		채점위원(2)		채점위원(3)		점수
(서명)	(득점)	(서명)	(득점)	(서명)	(득점)	(서명)	/150

수험번호 □□□-□□-□□□□□ 성명 □□□□□

주민등록번호 □□□□□□-□□□□□□□ ※ 유성 싸인펜, 붉은색 필기구 사용 불가.

※답안지는 컴퓨터로 처리되므로 구기거나 더럽히지 마시고, 정답 칸 안에만 쓰십시오. 글씨가 채점란으로 들어오면 오답처리가 됩니다.

전국한자능력검정시험 급 회 답안지

번호	답안란	번호	답안란	번호	답안란	번호	답안란	번호	답안란	번호	답안란
1		26		51		76		101		126	
2		27		52		77		102		127	
3		28		53		78		103		128	
4		29		54		79		104		129	
5		30		55		80		105		130	
6		31		56		81		106		131	
7		32		57		82		107		132	
8		33		58		83		108		133	
9		34		59		84		109		134	
10		35		60		85		110		135	
11		36		61		86		111		136	
12		37		62		87		112		137	
13		38		63		88		113		138	
14		39		64		89		114		139	
15		40		65		90		115		140	
16		41		66		91		116		141	
17		42		67		92		117		142	
18		43		68		93		118		143	
19		44		69		94		119		144	
20		45		70		95		120		145	
21		46		71		96		121		146	
22		47		72		97		122		147	
23		48		73		98		123		148	
24		49		74		99		124		149	
25		50		75		100		125		150	

감독위원	채점위원(1)		채점위원(2)		채점위원(3)		점수
(서명)	(득점)	(서명)	(득점)	(서명)	(득점)	(서명)	/150

수험번호 □□□-□□-□□□□□ 성명 □□□□□

주민등록번호 □□□□□□-□□□□□□□ ※ 유성 싸인펜, 붉은색 필기구 사용 불가.

※답안지는 컴퓨터로 처리되므로 구기거나 더럽히지 마시고, 정답 칸 안에만 쓰십시오. 글씨가 채점란으로 들어오면 오답처리가 됩니다.

전국한자능력검정시험 급 회 답안지

번호	답안란	번호	답안란	번호	답안란	번호	답안란	번호	답안란	번호	답안란
1		26		51		76		101		126	
2		27		52		77		102		127	
3		28		53		78		103		128	
4		29		54		79		104		129	
5		30		55		80		105		130	
6		31		56		81		106		131	
7		32		57		82		107		132	
8		33		58		83		108		133	
9		34		59		84		109		134	
10		35		60		85		110		135	
11		36		61		86		111		136	
12		37		62		87		112		137	
13		38		63		88		113		138	
14		39		64		89		114		139	
15		40		65		90		115		140	
16		41		66		91		116		141	
17		42		67		92		117		142	
18		43		68		93		118		143	
19		44		69		94		119		144	
20		45		70		95		120		145	
21		46		71		96		121		146	
22		47		72		97		122		147	
23		48		73		98		123		148	
24		49		74		99		124		149	
25		50		75		100		125		150	

감독위원	채점위원(1)		채점위원(2)		채점위원(3)		점수
(서명)	(득점)	(서명)	(득점)	(서명)	(득점)	(서명)	/150

■ 사단법인 한국어문회·한자능력검정회 주관

수험번호 □□□-□□-□□□□□ 성명 □□□□□

주민등록번호 □□□□□□-□□□□□□□ ※ 유성 싸인펜, 붉은색 필기구 사용 불가.

※답안지는 컴퓨터로 처리되므로 구기거나 더럽히지 마시고, 정답 칸 안에만 쓰십시오. 글씨가 채점란으로 들어오면 오답처리가 됩니다.

전국한자능력검정시험 급 회 답안지

번호	답안란	번호	답안란	번호	답안란	번호	답안란	번호	답안란	번호	답안란
1		26		51		76		101		126	
2		27		52		77		102		127	
3		28		53		78		103		128	
4		29		54		79		104		129	
5		30		55		80		105		130	
6		31		56		81		106		131	
7		32		57		82		107		132	
8		33		58		83		108		133	
9		34		59		84		109		134	
10		35		60		85		110		135	
11		36		61		86		111		136	
12		37		62		87		112		137	
13		38		63		88		113		138	
14		39		64		89		114		139	
15		40		65		90		115		140	
16		41		66		91		116		141	
17		42		67		92		117		142	
18		43		68		93		118		143	
19		44		69		94		119		144	
20		45		70		95		120		145	
21		46		71		96		121		146	
22		47		72		97		122		147	
23		48		73		98		123		148	
24		49		74		99		124		149	
25		50		75		100		125		150	

감독위원	채점위원(1)		채점위원(2)		채점위원(3)		점수
(서명)	(득점)	(서명)	(득점)	(서명)	(득점)	(서명)	/150

수험번호 ☐☐☐-☐☐-☐☐☐☐ 성명 ☐☐☐☐☐

주민등록번호 ☐☐☐☐☐☐-☐☐☐☐☐☐☐ ※ 유성 싸인펜, 붉은색 필기구 사용 불가.

※답안지는 컴퓨터로 처리되므로 구기거나 더럽히지 마시고, 정답 칸 안에만 쓰십시오. 글씨가 채점란으로 들어오면 오답처리가 됩니다.

전국한자능력검정시험 급 회 답안지

번호	답안란	번호	답안란	번호	답안란	번호	답안란	번호	답안란	번호	답안란
1		26		51		76		101		126	
2		27		52		77		102		127	
3		28		53		78		103		128	
4		29		54		79		104		129	
5		30		55		80		105		130	
6		31		56		81		106		131	
7		32		57		82		107		132	
8		33		58		83		108		133	
9		34		59		84		109		134	
10		35		60		85		110		135	
11		36		61		86		111		136	
12		37		62		87		112		137	
13		38		63		88		113		138	
14		39		64		89		114		139	
15		40		65		90		115		140	
16		41		66		91		116		141	
17		42		67		92		117		142	
18		43		68		93		118		143	
19		44		69		94		119		144	
20		45		70		95		120		145	
21		46		71		96		121		146	
22		47		72		97		122		147	
23		48		73		98		123		148	
24		49		74		99		124		149	
25		50		75		100		125		150	

감독위원	채점위원(1)		채점위원(2)		채점위원(3)		점수
(서명)	(득점)	(서명)	(득점)	(서명)	(득점)	(서명)	/150

수험번호 □□□-□□-□□□□ 성명 □□□□□

주민등록번호 □□□□□□-□□□□□□□ ※ 유성 싸인펜, 붉은색 필기구 사용 불가.

※답안지는 컴퓨터로 처리되므로 구기거나 더럽히지 마시고, 정답 칸 안에만 쓰십시오. 글씨가 채점란으로 들어오면 오답처리가 됩니다.

전국한자능력검정시험 급 회 답안지

번호	답안란	번호	답안란	번호	답안란	번호	답안란	번호	답안란	번호	답안란
1		26		51		76		101		126	
2		27		52		77		102		127	
3		28		53		78		103		128	
4		29		54		79		104		129	
5		30		55		80		105		130	
6		31		56		81		106		131	
7		32		57		82		107		132	
8		33		58		83		108		133	
9		34		59		84		109		134	
10		35		60		85		110		135	
11		36		61		86		111		136	
12		37		62		87		112		137	
13		38		63		88		113		138	
14		39		64		89		114		139	
15		40		65		90		115		140	
16		41		66		91		116		141	
17		42		67		92		117		142	
18		43		68		93		118		143	
19		44		69		94		119		144	
20		45		70		95		120		145	
21		46		71		96		121		146	
22		47		72		97		122		147	
23		48		73		98		123		148	
24		49		74		99		124		149	
25		50		75		100		125		150	

감독위원	채점위원(1)		채점위원(2)		채점위원(3)		점수
(서명)	(득점)	(서명)	(득점)	(서명)	(득점)	(서명)	/150

수험번호 □□□-□□-□□□□ 성명 □□□□□

주민등록번호 □□□□□□-□□□□□□□ ※ 유성 싸인펜, 붉은색 필기구 사용 불가.

※답안지는 컴퓨터로 처리되므로 구기거나 더럽히지 마시고, 정답 칸 안에만 쓰십시오. 글씨가 채점란으로 들어오면 오답처리가 됩니다.

전국한자능력검정시험 급 회 답안지

번호	답안란	번호	답안란	번호	답안란	번호	답안란	번호	답안란	번호	답안란
1		26		51		76		101		126	
2		27		52		77		102		127	
3		28		53		78		103		128	
4		29		54		79		104		129	
5		30		55		80		105		130	
6		31		56		81		106		131	
7		32		57		82		107		132	
8		33		58		83		108		133	
9		34		59		84		109		134	
10		35		60		85		110		135	
11		36		61		86		111		136	
12		37		62		87		112		137	
13		38		63		88		113		138	
14		39		64		89		114		139	
15		40		65		90		115		140	
16		41		66		91		116		141	
17		42		67		92		117		142	
18		43		68		93		118		143	
19		44		69		94		119		144	
20		45		70		95		120		145	
21		46		71		96		121		146	
22		47		72		97		122		147	
23		48		73		98		123		148	
24		49		74		99		124		149	
25		50		75		100		125		150	

감독위원	채점위원(1)		채점위원(2)		채점위원(3)		점수
(서명)	(득점)	(서명)	(득점)	(서명)	(득점)	(서명)	/150

수험번호 □□□-□□-□□□□ 성명 □□□□□

주민등록번호 □□□□□□-□□□□□□□ ※ 유성 싸인펜, 붉은색 필기구 사용 불가.

※답안지는 컴퓨터로 처리되므로 구기거나 더럽히지 마시고, 정답 칸 안에만 쓰십시오. 글씨가 채점란으로 들어오면 오답처리가 됩니다.

전국한자능력검정시험 급 회 답안지

번호	답안란	번호	답안란	번호	답안란	번호	답안란	번호	답안란	번호	답안란
1		26		51		76		101		126	
2		27		52		77		102		127	
3		28		53		78		103		128	
4		29		54		79		104		129	
5		30		55		80		105		130	
6		31		56		81		106		131	
7		32		57		82		107		132	
8		33		58		83		108		133	
9		34		59		84		109		134	
10		35		60		85		110		135	
11		36		61		86		111		136	
12		37		62		87		112		137	
13		38		63		88		113		138	
14		39		64		89		114		139	
15		40		65		90		115		140	
16		41		66		91		116		141	
17		42		67		92		117		142	
18		43		68		93		118		143	
19		44		69		94		119		144	
20		45		70		95		120		145	
21		46		71		96		121		146	
22		47		72		97		122		147	
23		48		73		98		123		148	
24		49		74		99		124		149	
25		50		75		100		125		150	

감독위원	채점위원(1)		채점위원(2)		채점위원(3)		점수
(서명)	(득점)	(서명)	(득점)	(서명)	(득점)	(서명)	/150

수험번호 □□□-□□-□□□□□ 성명 □□□□□

주민등록번호 □□□□□□-□□□□□□□ ※ 유성 싸인펜, 붉은색 필기구 사용 불가.

※답안지는 컴퓨터로 처리되므로 구기거나 더럽히지 마시고, 정답 칸 안에만 쓰십시오. 글씨가 채점란으로 들어오면 오답처리가 됩니다.

전국한자능력검정시험 급 회 답안지

번호	답안란	번호	답안란	번호	답안란	번호	답안란	번호	답안란	번호	답안란
1		26		51		76		101		126	
2		27		52		77		102		127	
3		28		53		78		103		128	
4		29		54		79		104		129	
5		30		55		80		105		130	
6		31		56		81		106		131	
7		32		57		82		107		132	
8		33		58		83		108		133	
9		34		59		84		109		134	
10		35		60		85		110		135	
11		36		61		86		111		136	
12		37		62		87		112		137	
13		38		63		88		113		138	
14		39		64		89		114		139	
15		40		65		90		115		140	
16		41		66		91		116		141	
17		42		67		92		117		142	
18		43		68		93		118		143	
19		44		69		94		119		144	
20		45		70		95		120		145	
21		46		71		96		121		146	
22		47		72		97		122		147	
23		48		73		98		123		148	
24		49		74		99		124		149	
25		50		75		100		125		150	

감독위원	채점위원(1)		채점위원(2)		채점위원(3)		점수
(서명)	(득점)	(서명)	(득점)	(서명)	(득점)	(서명)	/150

2급 제1회

1	삭막	51	마칠 파	101	義務
2	관지	52	늙을 기	102	最上
3	갱지	53	꽂을 삽	103	道德
4	효대	54	갈대 로	104	認定
5	감쇄	55	벼슬 위	105	相對
6	당뇨	56	바리때발	106	遊戲
7	아교	57	학교 상	107	喪失
8	위암	58	솥 정	108	心境
9	야기	59	티끌 애	109	故鄕
10	가대	60	볼 첨	110	機會
11	모형	61	요임금요	111	興味
12	갈등	62	향기 형	112	發言權
13	조어	63	자손 윤	113	危殆
14	도굴	64	복 희	114	虛無
15	혹독	65	抽象	115	爲
16	동유	66	喜	116	忘却
17	학대	67	濕潤	117	百行
18	등록	68	禍	118	人類
19	훈장	69	合意	119	存續
20	마술	70	賢	120	重要
21	청탁	71	偏頗	121	望雲
22	만용	72	表	122	風樹
23	간악	73	借邊	123	努力
24	매거	74	淸	124	論語
25	강궁	75	蓋	125	(100)
26	방적	76	釋/解	126	(101)
27	경단	77	漫	127	(102)
28	매혹	78	施	128	(103)
29	고선	79	肅	129	(111)
30	멸시	80	純/淨	130	窮/鳥
31	경계	81	寄與	131	空/拳
32	석학	82	換骨	132	晩/時
33	외포	83	盡力	133	自/鳴
34	보필	84	五列	134	比/翼
35	백로	85	化粧	135	沈/舟
36	소개	86	香爐	136	滄/海
37	농구	87	畫廊	137	晝/夜
38	송백	88	候雁	138	孫/康
39	단련	89	諒知	139	萬/里
40	광희	90	寸	140	結草報恩
41	섬세	91	矛	141	牛耳讀經
42	승감	92	目	142	我田引水
43	성호	93	八	143	직무를그만둠
44	31,33,34,39,41	94	禾	144	어버이를섬김
45	자주 빈	95	子息	145	여름하늘
46	모을 집	96	年歲	146	평소의교양
47	늙은이옹	97	記憶	147	이룩하여세움
48	찰 축	98	長壽	148	难/麦
49	벼슬 작	99	餘生	149	皃/処
50	언덕 강	100	感情	150	聡/総

2급 제2회

1	경장	51	산등성이강	101	霧散
2	답장	52	못 담	102	抱負
3	구두	53	가마 부	103	燒却場
4	사탕	54	밭갈 경	104	販促
5	규탁	55	심할 혹	105	召集
6	게박	56	버섯 균	106	募金
7	예치	57	질그릇도	107	銳利
8	게양	58	초하루삭	108	收穫
9	오진	59	푸를 벽	109	推薦
10	견마	60	엉길 응	110	普遍
11	악수	61	문서 부	111	絶叫
12	경정	62	사당 묘	112	分析
13	유형	63	화창할창	113	頻煩
14	고용	64	오랑캐이	114	便宜
15	각막	65	樂天	115	④
16	공비	66	添	116	③
17	감회	67	疏遠	117	②
18	관모	68	衆	118	②
19	거조	69	咸池	119	①
20	괴망	70	增/加	120	提案
21	증정	71	省略	121	株式
22	순회	72	進	122	遲滯
23	방애	73	革新	123	尖端
24	상서	74	早	124	恥辱
25	약관	75	續	125	特殊
26	문란	76	戀	126	避難
27	차양	77	弱	127	歡迎
28	박봉	78	排	128	壓倒
29	명정	79	壞	129	勿論
30	발부	80	附	130	丹/脣
31	공포	81	驅迫	131	選/擇
32	애도	82	氣質	132	勞/心
33	모순	83	首肯	133	直/門
34	점포	84	冷靜	134	桃/園
35	모근	85	弔喪	135	無/親
36	무희	86	祖上	136	廡/中
37	묘성	87	早霜	137	爐/點
38	용암	88	商稅	138	靑/出
39	서미	89	詳細	139	柱/鼓
40	유월	90	斤	140	起死回生
41	촉한	91	石	141	破竹之勢
42	은행	92	石	142	風前燈火
43	자미	93	儿	143	곱하기와나누기
44	31,32,34,37,40	94	臼	144	흰옷
45	이랑 주	95	參酌	145	상과훈장
46	티끌 진	96	僅少	146	임금을섬김
47	줄춤 일	97	郊外	147	고추
48	상자 상	98	邦畫	148	누에잠/버릴기
49	향기 은	99	騷音	149	쓸개담/편안녕
50	물굽이만	100	挑發	150	거리낄애/소리성

2급 제3회

1	다례	51	닿을 촉	101	勇敢
2	보시	52	이웃 린	102	率直
3	균열	53	갑자기홀	103	行動派
4	횡포	54	항목 관	104	思慮
5	현치	55	둘레 곽	105	缺如
6	교착	56	물이름곽	106	恒常
7	서찰	57	모자 모	107	分別
8	구독	58	향기 복	108	材木
9	석굴	59	드릴 정	109	理想
10	구주	60	새집 소	110	現實
11	이승	61	비준 준	111	距離
12	균함	62	해자 호	112	孤獨感
13	질소	63	미륵 미	113	解放
14	궁궐	64	여울 탄	114	象徵
15	갱곡	65	此	115	未知
16	규방	66	巨富	116	黃海
17	교거	67	暖	117	謹嚴
18	균배	68	拒絶	118	亡命
19	교사	69	薄	119	信念
20	나맥	70	公開	120	晩年
21	번식	71	卑	121	改革
22	분진	72	埋沒	122	意志
23	법망	73	雄	123	否定的
24	우울	74	名譽	124	方向
25	벽촌	75	驗	125	(95) (96) (99) (100) (109) (110)
26	사직	76	祥	126	
27	향장	77	寫	127	
28	사부	78	輸	128	
29	병동	79	欺	129	
30	빈울	80	訴	130	相/照
31	보선	81	折衝	131	葉/根
32	범주	82	永眠	132	之/戲
33	사찰	83	低價	133	溪/徑
34	도육	84	凍梨	134	戀/雲
35	요괴	85	珍貨	135	水/陣
36	말갈	86	鎭火	136	生/魚
37	용접	87	進化	137	頃/波
38	목욕	88	珍話	138	初/心
39	조치	89	朝廷	139	眉/急
40	유준	90	頁	140	博學多識
41	범람	91	羽	141	歲時風俗
42	창려	92	赤	142	弱肉強食
43	부지	93	ノ	143	곱셈
44	31,33,35,38,39	94	肉	144	좋은곳을찾아다님
45	단장할장	95	世態	145	소식을전함
46	잔 배	96	道義	146	가을하늘
47	가지런할제	97	無視	147	내버리고돌보지않음
48	입술 순	98	希望	148	梦/庿
49	차례 질	99	慨歎	149	仏/拡
50	갈릴 체	100	弟子	150	践/銭

모의고사문제정답

2급 제4회

1	생략	51	피리 적	101	生涯
2	통촉	52	반딧불형	102	寄贈
3	탄신	53	찔 증	103	必須
4	패배	54	유황 류	104	交替
5	탁본	55	찾을 수	105	透明
6	나체	56	싫을 염	106	遵守
7	잠식	57	약제 제	107	遲刻
8	난만	58	공경할흠	108	顧客
9	장애	59	염탐할첩	109	派遣
10	납치	60	살구 행	110	弘報
11	재봉	61	으뜸 패	111	廉價
12	농락	62	질그릇견	112	不渡
13	탁마	63	도울 비	113	庶民
14	담심	64	높은집방	114	揮毫
15	탈모	65	需要	115	①
16	대만	66	鋭/利	116	④
17	태몽	67	義務	117	①
18	비준	68	榮	118	③
19	특집	69	精算	119	②
20	사면	70	哀	120	證據
21	희소	71	冒頭	121	陳述
22	산소	72	往	122	聽覺
23	갑사	73	紅顔	123	沈默
24	웅담	74	深	124	荷役
25	귀소	75	段	125	暗誦
26	포승	76	老	126	銘心
27	근역	77	餓	127	關聯
28	삽화	78	羅	128	破棄
29	맥궁	79	鍊	129	效果
30	의료	80	觀/省	130	神/助
31	요원	81	干城	131	薄/利
32	선박	82	變遷	132	相/符
33	망라	83	模範	133	初/志
34	붕조	84	狀況	134	內/剛
35	자결	85	師母	135	抑/強
36	채지	86	詐謀	136	擊/壤
37	자봉	87	邪謀	137	束/手
38	추판	88	私募	138	三/絶
39	사육	89	思慕	139	龍/味
40	오동	90	戈	140	燈火可親
41	익몰	91	止	141	獨不將軍
42	오류	92	臣	142	安貧樂道
43	잔학	93	丶	143	뛰어난물품
44	31,32,33,39,40,41,42	94	里	144	토막글
45	보리 맥	95	取捨	145	알맞은한도
46	징계할징	96	選拔	146	함부로행동함
47	북돋을배	97	仲介	147	착한일을권함
48	떳떳할용	98	類似	148	미륵미/목숨수
49	되살아날소	99	倒産	149	답답할울/홈칠절
50	잡을 파	100	補償	150	한일/두이

2급 제5회

1	효포	51	원고 고	101	試鍊
2	계획	52	어찌 나	102	見聞
3	설탕	53	새 금	103	理解
4	포악	54	답답할울	104	盡力
5	성수	55	온당할타	105	負擔
6	경멸	56	누에 잠	106	納得
7	염증	57	가늘 섬	107	熱意
8	검시	58	찾을 멱	108	一生
9	연유	59	불릴 식	109	使命
10	병기	60	막을 두	110	態度
11	유황	61	매혹할매	111	探究
12	보궐	62	무궁화근	112	思索
13	융자	63	네모질릉	113	疑問
14	복막	64	괘이름간	114	奮發
15	어망	65	豫算	115	說明
16	봉제	66	送	116	蓄積
17	양산	67	臨時	117	連鎖
18	부설	68	叔	118	作用
19	야만	69	柔軟	119	反應
20	요사	70	浮	120	境遇
21	배우	71	模倣	121	未熟
22	용암	72	矛	122	注入
23	방직	73	特殊	123	誘導
24	원지	74	美	124	啓蒙
25	반출	75	厚	125	(95)
26	처절	76	救	126	(101)
27	문서	77	斜	127	(102)
28	첩보	78	技	128	(103) (104)
29	목간	79	愼	129	(105)
30	파안	80	貢	130	李/下
31	비적	81	版圖	131	松/茂
32	체결	82	無事	132	不/遠
33	현요	83	豊富	133	門/前
34	함정	84	心臟	134	泰/山
35	호경	85	恥事	135	官/尊
36	훈적	86	致謝	136	卵/破
37	철수	87	致辭	137	犬/兎
38	왕망	88	捕手	138	百/世
39	비도	89	砲手	139	傲/霜
40	옹기	90	鳥	140	一刻千金
41	예종	91	貝	141	立身揚名
42	양례	92	十	142	書耕夜讀
43	영지	93	隶	143	고치다
44	31,32,34,37,39	94	鹿	144	갑자기재물을얻음
45	흙덩이양	95	善行	145	마르다
46	좇을 준	96	實踐	146	돌아가신아버지
47	사랑채랑	97	自己	147	죽은사람
48	조 속	98	修養	148	甞/棄
49	간절할간	99	精進	149	釈/択
50	병풍 병	100	志向	150	卆/酔

2급 제6회

1	표지	51	올벼 직	101	似而非
2	뇌쇄	52	모형 형	102	供給
3	항병	53	즐길 탐	103	逸品
4	통솔	54	모 묘	104	高尙
5	십만	55	베낄 등	105	端緖
6	취사	56	갈 서	106	連載
7	우산	57	거만할오	107	栽培
8	상서	58	모두 제	108	照明
9	연지	59	나비 접	109	祝賀
10	섭화	60	꾀 책	110	貿易
11	기원	61	귀밝을총	111	懸賞金
12	회피	62	부끄러울치	112	哲學
13	갈분	63	날개 익	113	企業
14	희오	64	품을 회	114	齊唱
15	모과	65	密	115	③
16	헌정	66	洗練	116	①
17	다과	67	衰	117	④
18	해고	68	却下	118	②
19	담력	69	逆	119	①
20	포기	70	輕薄	120	提携
21	대관	71	憎	121	弔意
22	건반	72	起立	122	執權
23	비원	73	虛	123	廳舍
24	고복	74	漠然	124	妥當
25	사죄	75	引	125	播種
26	관갑	76	間	126	含蓄
27	상통	77	還	127	毁損
28	반계	78	勸	128	巡察
29	서설	79	裂	129	猛獸
30	대치	80	勉	130	柔/能
31	농담	81	草屋	131	玉/手
32	차축	82	獨占	132	汗/牛
33	자기	83	眼界	133	大/笑
34	피차	84	使命	134	天/方
35	집록	85	前週	135	陽/報
36	염량	86	電柱	136	神/出
37	자웅	87	長壽	137	成/虎
38	난숙	88	將帥	138	絶/長
39	예둔	89	藏守	139	之/鄕
40	익찬	90	隹	140	無爲徒食
41	소굴	91	尸	141	識字憂患
42	정로	92	玄	142	龍頭蛇尾
43	시탄	93	山	143	도를닦음
44	31,34,36,37,39	94	夕	144	종형제의아들
45	마을 염	95	新刊	145	서로바꿈
46	클 석	96	履歷書	146	세금을매김
47	막힐 옹	97	莫強	147	빈속
48	드러날창	98	先輩	148	蓋/傑
49	전장 장	99	概念	149	缺/遞
50	망볼 초	100	浪費	150	續/讀

2급 제7회

1	항서	51	자랑할과	101	社會的
2	통찰	52	뾰족할첨	102	秩序
3	철삭	53	상거할거	103	形式美
4	편이	54	살갗 부	104	最善
5	세객	55	사슴 록	105	維持
6	고막	56	쥘 악	106	均衡
7	농운	57	펼 부	107	內容
8	굴거	58	오리 압	108	契機
9	인준	59	낚을 조	109	熱烈
10	귀추	60	잡을 병	110	性格
11	노정	61	나루 진	111	主張
12	간담	62	언덕 부	112	階段
13	마약	63	두꺼비섬	113	觀念
14	괴기	64	숫돌 려	114	圓熟
15	등사	65	類似	115	要求
16	금융	66	優	116	到達
17	등국	67	活用	117	諸般
18	범칭	68	恩	118	事物
19	밀정	69	年頭	119	回避
20	무훈	70	是	120	存在
21	축구	71	淑女	121	親族
22	녹원	72	需	122	知友
23	보초	73	直系	123	厚待
24	환영	74	勤	124	仁慈
25	유산	75	寶	125	(107) (108) (110) (116) (118) (123)
26	초조	76	招	126	
27	온당	77	殊	127	
28	선보	78	租	128	
29	차량	79	沒	129	
30	제당	80	音	130	發/憤
31	경연	81	尾行	131	烏/私
32	첨삭	82	缺點	132	如/履
33	찰나	83	統治	133	間/齊
34	조유	84	地獄	134	養/虎
35	호위	85	絶島	135	男/女
36	운향	86	竊盜	136	魚/網
37	방측	87	栽培	137	黨/伐
38	윤허	88	幽冥	138	榮/枯
39	대차	89	有名	139	凍/放
40	진척	90	隹	140	犬馬之勞
41	부침	91	牛	141	大器晩成
42	흠경	92	卄	142	明鏡止水
43	종횡	93	至	143	어떤일을꾀함
44	31,32,39,41,43	94	又	144	모두합함
45	생각할억	95	過猶	145	서로맞부딪침
46	맛볼 상	96	中和	146	마땅히지켜야할길
47	엄습할습	97	極端	147	보름달
48	낄 옹	98	調節	148	摂/灯
49	골 뇌	99	準則	149	舌/焼
50	방자할자	100	關心	150	虚/戯

2급 제8회

1	다기	51	언덕 치	101	流暢
2	항의	52	과자 과	102	其他
3	진솔	53	작을 편	103	支拂
4	교역	54	새벽 효	104	崩壞
5	비운	55	녹 봉	105	惟獨
6	원순	56	화폐 폐	106	訴訟
7	문벌	57	담 장	107	尖端
8	유감	58	번역할번	108	罷業
9	증식	59	두려워할외	109	芳名錄
10	신장	60	사무칠투	110	紀念
11	게재	61	기러기안	111	殉國
12	왜곡	62	입을 피	112	憲法
13	교살	63	펼 서	113	編著
14	차단	64	거칠 황	114	隔差
15	교칠	65	賤	115	①
16	제화	66	非難	116	③
17	구애	67	弔	117	③
18	잠사	68	連作	118	②
19	궁벽	69	軟	119	④
20	추세	70	仙界	120	贈與
21	동량	71	濕/坤	121	組織
22	창파	72	隱蔽	122	遲延
23	등가	73	横	123	採擇
24	준위	74	絶長	124	體制
25	마귀	75	甚/盡	125	打鍾
26	참신	76	階	126	閉鎖
27	만통	77	暖	127	惜別
28	휘장	78	憂	128	脈絡
29	부조	79	去	129	隣近
30	요순	80	微/纖	130	藥
31	면방	81	傳染	131	池
32	호휴	82	根底	132	擧
33	배관	83	聰明	133	麗
34	찬유	84	冒頭	134	多
35	섬유	85	科試	135	割
36	예맥	86	誇示	136	上
37	사료	87	奇計	137	令
38	옹목	88	機械	138	事
39	상권	89	器械	139	夜
40	예주	90	言	140	坐井觀天
41	수선	91	龍	141	賢母良妻
42	멱득	92	广	142	佳人薄命
43	용해	93	黑	143	벼슬을구함
44	기로	94	彡	144	병이나상처가난곳
45	도울 익	95	先驅者	145	남의은혜를갚음
46	우산 산	96	象牙塔	146	나눠줌
47	사패지채	97	謹賀	147	음력초하루와보름
48	대궐 궐	98	篤志家	148	館/悩
49	깊게할준	99	返還	149	亀/竜
50	살 구	100	妥協	150	検/験

2급 제9회

1	이두	51	두려워할구	101	訪問客
2	빈삭	52	기름 지	102	門前
3	알현	53	이끌 견	103	官職
4	반야	54	가릴 차	104	逆境
5	쇄도	55	아우를병	105	眞價
6	매수	56	다듬을탁	106	親舊
7	야단	57	찰 영	107	緣木
8	만찬	58	띠 모	108	信義
9	악마	59	노끈 승	109	只今
10	봉급	60	못 당	110	聰明
11	신허	61	도울 보	111	判斷
12	농성	62	바랄 기	112	正確
13	서한	63	별이름묘	113	認識
14	창현	64	높은땅개	114	宇宙
15	온건	65	淡	115	是非
16	문기	66	加熱	116	曲直
17	서광	67	易	117	洞察
18	낙양	68	抑制	118	疑惑
19	영양	69	借	119	博愛
20	감람	70	處女	120	凡人
21	예탁	71	坤/濕	121	克服
22	갈근	72	快樂	122	寢食
23	순과	73	益	123	泰然
24	규수	74	接近	124	解決
25	송진	75	哀	125	(99)
26	기전	76	選	126	(101)
27	삽지	77	避/亡	127	(108)
28	기형	78	沒	128	(112)
29	운반	79	助	129	(114)
30	사발	80	盜	130	三/草
31	소술	81	風情	131	伯/絃
32	사돈	82	燃眉	132	如/琴
33	세제	83	倫理	133	四/歌
34	발해	84	巨星	134	瓦/雷
35	산성	85	羽隊	135	誰/尤
36	변한	86	優待	136	多/善
37	용선	87	維持	137	孤/影
38	복강	88	有志	138	萬/無
39	성지	89	遺志	139	弄/慶
40	은계	90	川	140	首丘初心
41	멸법	91	邑	141	五穀百果
42	환란	92	戶	142	類類相從
43	부천	93	土	143	벼슬길에나감
44	희소	94	大	144	며느리
45	잊을 망	95	常綠	145	방법과꾀
46	부추길사	96	條件	146	특별한명령
47	눈물 루	97	節概	147	쫓아와부딪힘
48	녹을 융	98	危急	148	随/仝
49	이에 내	99	混亂	149	獣/単
50	자석 자	100	忠臣	150	帰/师

모의고사문제정답

2급 제10회

1	유세	51	여울 단	101	和暢
2	조현	52	나라동산원	102	垂直
3	예탁	53	언덕 고	103	搜査
4	증오	54	밥 찬	104	跳躍
5	비색	55	지경 강	105	閱覽
6	자의	56	굴대 축	106	擁護
7	환멸	57	집 헌	107	凝集
8	벽지	58	어조사재	108	竊盜犯
9	화교	59	폭 폭	109	演奏
10	척애	60	흔들 요	110	滯症
11	호주	61	어두울혼	111	司會
12	정찰	62	찾을 심	112	郵遞局
13	포장	63	자못 파	113	衡平
14	남색	64	떨어질령	114	紫外線
15	포고	65	緯	115	④
16	전자	66	架空	116	①
17	편집	67	戈/滿	117	③
18	처참	68	喪失	118	②
19	파벌	69	柔	119	④
20	진료	70	酸化	120	族譜
21	태풍	71	細	121	支障
22	유지	72	精管	122	薦擧
23	탐닉	73	鄕	123	礎石
24	시체	74	荒野	124	奪取
25	탁아	75	揚	125	飽食
26	준봉	76	監	126	赴任
27	피부	77	戒	127	滿開
28	응시	78	恐	128	連繫
29	저해	79	粱	129	軌道
30	완침	80	功	130	誇/想
31	준장	81	特別	131	門/不
32	요덕	82	強仕	132	沙/閣
33	취부	83	品行	133	事/多
34	후설	84	隨機	134	車/螢
35	종상	85	扶助	135	壁/九
36	훈소	86	父祖	136	森/象
37	주단	87	不調	137	廳/借
38	형향	88	端緒	138	喜/樂
39	축답	89	餘滴	139	亡/盛
40	항룡	90	禾	140	貧者一燈
41	충정	91	瓦	141	桑田碧海
42	주희	92	丨	142	藥房甘草
43	조처	93	言	143	생각
44	용해	94	一	144	헛수고
45	섶 시	95	糾彈	145	한데서밤을지냄
46	아교 교	96	塗料	146	참된 도리
47	고깔 변	97	暴騰	147	말과행동이바르고점잖음
48	일 대	98	獵銃	148	勵/臺
49	산이름륜	99	同僚	149	邊/寶
50	용서할사	100	侮辱	150	联/関

2급 제11회

1	심청	51	곰 웅	101	朝廷
2	삭뇨	52	막힐 질	102	君主
3	혐오	53	곳집 유	103	政事
4	복명	54	상서 서	104	議論
5	항복	55	지경 은	105	理致
6	진맥	56	업신여길멸	106	整然
7	갱도	57	고을 현	107	愼重
8	정관	58	말이을이	108	沐浴
9	게식	59	형통할형	109	別室
10	조제	60	물리칠척	110	居處
11	계소	61	누구 숙	111	祭祀
12	조탁	62	부를 병	112	準備
13	고층	63	더러울오	113	禁酒
14	초소	64	닮을 사	114	香草
15	규원	65	稀薄	115	飮食
16	초미	66	繼	116	禮法
17	괴면	67	記憶	117	淸潔
18	추도	68	寬	118	疫神
19	간첩	69	顯官	119	東便
20	채굴	70	屈	120	作亂
21	교포	71	正統	121	部落
22	취지	72	光	122	迷信
23	교사	73	鎭靜	123	左顧
24	활강	74	巧	124	高聲
25	체맹	75	抱	125	(97) (99) (105) (107) (111) (112)
26	피임	76	婚	126	
27	마취	77	納/呈	127	
28	화피	78	鄕	128	
29	보신	79	常	129	
30	옹화	80	畢	130	洋/歎
31	방사	81	決心	131	曲/徑
32	직화	82	冠省	132	根/節
33	배상	83	納得	133	空/拳
34	형병	84	去就	134	俱/天
35	요양	85	構築	135	花/容
36	영허	86	驅逐	136	泥/差
37	연적	87	紀元	137	可/畏
38	율려	88	祈願	138	初/終
39	울적	89	起源	139	添/足
40	염계	90	儿	140	明若觀火
41	진액	91	立	141	百家爭鳴
42	탐독	92	老	142	白衣從軍
43	제패	93	魚	143	책을 씀
44	위대	94	日	144	정성스럽고정다움
45	부처이름가	95	私的	145	안부를묻는편지
46	기 정	96	地域	146	어떠한일의비용
47	보리 모	97	洞里	147	금덩이
48	던질 포	98	誠實	148	乘/様
49	순임금순	99	儉素	149	双/从
50	편지 한	100	宗廟	150	独/触

2급 제12회

1	복권	51	기름질옥	101	貫徹
2	획책	52	실 산	102	交換
3	다실	53	낄 옹	103	構成
4	삼억	54	되 승	104	萬若
5	낙토	55	곁 방	105	猛獸
6	연탄	56	편지 찰	106	默念
7	희오	57	헐 훼	107	將來
8	양잠	58	몇 기	108	印刷
9	요술	59	뿌릴 파	109	醫師
10	섬교	60	동료 료	110	誘致
11	해만	61	어찌 해	111	汚染
12	약제	62	눈썹 미	112	諒解
13	피랍	63	거리 항	113	瞬間
14	비도	64	부를 소	114	狀況
15	특사	65	婢	115	④
16	대지	66	合理	116	②
17	진세	67	夕/暮	117	③
18	매료	68	眞實	118	①
19	평당	69	複	119	②
20	발암	70	弔客	120	飜譯
21	태교	71	背	121	放送
22	농도	72	絶讚	122	尊敬
23	함대	73	略	123	遷都
24	동간	74	離別	124	超越
25	재벌	75	紅	125	怠慢
26	심양	76	拙	126	標準
27	저억	77	織	127	亨通
28	용종	78	整	128	餘暇
29	창덕	79	留/止	129	配慮
30	여막	80	接/連	130	顯/正
31	잔뇨	81	最高	131	日/暮
32	연장	82	淸濁	132	爲/馬
33	조선	83	乾坤	133	隱/忍
34	충년	84	謀叛	134	腐/心
35	차관	85	大妃	135	愚/者
36	유비	86	大悲	136	下/問
37	제과	87	消化	137	富/貴
38	기수	88	笑話	138	揚/名
39	인삼	89	燒火	139	孟/母
40	기도	90	亠	140	錦衣還鄕
41	처연	91	舌	141	累卵之危
42	돈독	92	皿	142	滿山紅葉
43	유산	93	聿	143	매우짧은시간
44	복욱	94	手	144	옛날의 일
45	따를 호	95	可憐	145	물건을담는그릇
46	신 화	96	假飾	146	편지
47	꿩 치	97	皆勤	147	오래전부터바라던소원
48	외짝 척	98	傾斜	148	戀/變
49	터 지	99	貢獻	149	猟/灵
50	화목할목	100	寬待	150	労/栄

2급 제13회

1	귀감	51	백로 로	101	達成
2	투항	52	기를 사	102	抑壓
3	낙승	53	곶 갑	103	上典
4	부흥	54	콩팥 신	104	獨裁
5	호오	55	태풍 태	105	罪惡
6	철폐	56	문벌 벌	106	亂世
7	항암	57	다 함	107	暴君
8	협곡	58	청렴할렴	108	貧賤
9	환상	59	짝 필	109	甘受
10	연와	60	이 사	110	德治
11	탈류	61	조상할조	111	地位
12	산미	62	어른 장	112	打倒
13	탐정	63	어조사야	113	使用
14	마광	64	정자 정	114	強調
15	학살	65	陳腐	115	知識
16	구매	66	師/兄	116	學者
17	필연	67	騷亂	117	技術
18	오엽	68	邪	118	倫理
19	항만	69	毁節	119	敎條
20	전세	70	乘	120	適切
21	회전	71	歡喜	121	妄動
22	척안	72	雅	122	念慮
23	후두	73	明朗	123	輕擧
24	질색	74	炎	124	相議
25	휴게	75	耐	125	(96) (100) (103) (105) (106) (112)
26	호천	76	姿	126	
27	패권	77	餘	127	
28	은부	78	將	128	
29	해구	79	稚	129	
30	준마	80	醫	130	一/蓮
31	표창	81	充滿	131	風/宿
32	애년	82	分別	132	池/魚
33	홍삼	83	手段	133	塗/苦
34	애급	84	未然	134	白/骨
35	태임	85	歲暮	135	附/同
36	기기	86	細毛	136	猛/虎
37	함선	87	獸心	137	鷄/盜
38	보아	88	水深	138	脣/亡
39	조각	89	愁心	139	梅/竹
40	소식	90	肉	140	空中樓閣
41	자석	91	火	141	過恭非禮
42	수량	92	馬	142	冠婚喪祭
43	파악	93	鼎	143	알맞게잘씀
44	곡부	94	疋	144	너그럽게용서함
45	지초 지	95	出仕	145	정해진법규
46	탈 초	96	問責	146	걸어시감
47	상서로울정	97	聲討	147	헛열매
48	여승 니	98	參與	148	壤/岩
49	바다이름발	99	具現	149	塩/昼
50	절 찰	100	幸福	150	湿/顕

2급 제14회

1	극락	51	부칠 부	101	所謂
2	부실	52	더딜 지	102	西紀
3	획순	53	드리울수	103	肥滿
4	참최	54	편안할온	104	腐敗
5	진수	55	자 척	105	煩雜
6	탈지	56	비적 비	106	背叛
7	발굴	57	병고칠료	107	發揮
8	환조	58	쑥 봉	108	微笑
9	본봉	59	우리 권	109	靜肅
10	후성	60	기린 린	110	埋葬
11	방첩	61	벗을 라	111	漫談
12	패기	62	뛰어날걸	112	代替
13	방세	63	펼 서	113	待遇
14	혹한	64	물가 오	114	基礎
15	위관	65	轉役	115	③
16	포치	66	豫	116	①
17	이사	67	抑制	117	④
18	한묵	68	利/鈍	118	①
19	초병	69	削減	119	②
20	장화	70	任	120	交際
21	임부	71	漂流	121	開拓
22	추영	72	姉	122	宗敎
23	철거	73	凝固	123	持參
24	자성	74	與	124	徹底
25	자문	75	篤	125	討伐
26	병권	76	末/極	126	豊富
27	질식	77	髮	127	掠奪
28	방착	78	茂	128	排球
29	체약	79	惑	129	擔當
30	설총	80	洗	130	術/數
31	조찬	81	依支	131	衆/寡
32	섬라	82	認可	132	浮/木
33	추대	83	虛構	133	軍/不
34	복희	84	暗示	134	異/夢
35	주둔	85	慶宴	135	苦/肉
36	면복	86	競演	136	外/剛
37	장악	87	硬軟	137	刻/舟
38	심홍	88	謹愼	138	難/鳴
39	지축	89	近信	139	敬/而
40	양찰	90	金	140	鷄卵有骨
41	창랑	91	衣	141	興盡悲來
42	언양	92	山	142	天高馬肥
43	차등	93	田	143	다른방도
44	면수	94	二	144	날카로움
45	의뢰할뢰	95	隣接	145	겨울철
46	전각 전	96	隱蔽	146	앞으로
47	샐 루	97	留意	147	풀에맺힌이슬
48	마침내경	98	元旦	148	禮/爐
49	빠질 몰	99	染色	149	楼/屡
50	비단 견	100	施賞式	150	献/済

2급 제15회

1	탁지	51	명아주래	101	奴隷
2	열락	52	쉴 게	102	執着
3	숙항	53	바를 동	103	眞正
4	생신	54	이끌 휴	104	意味
5	수라	55	둘 조	105	自由
6	왜형	56	터럭 호	106	拘束
7	정찰	57	재상 재	107	抑制
8	한림	58	임금 황	108	平凡
9	절충	59	이 자	109	超越
10	해협	60	호걸 호	110	規律
11	지포	61	잡을 착	111	可能
12	향신	62	진압할진	112	物質
13	진선	63	더할 첨	113	精神
14	탁옥	64	정성 성	114	表明
15	종핵	65	濕	115	豊足
16	산삼	66	亂雜	116	軍備
17	출람	67	刑	117	環境
18	등본	68	聰明	118	爲政者
19	주축	69	速	119	相互
20	구미	70	理論	120	期待
21	철순	71	背	121	基盤
22	매혹	72	尊敬	122	事情
23	유습	73	捨	123	危機
24	용원	74	詳述	124	選擇
25	산하	75	就	125	(99) (100) (104) (111) (122) (124)
26	빙허	76	獻	126	
27	요지	77	獲	127	
28	난간	78	殃	128	
29	분만	79	訪	129	
30	사지	80	睡	130	換/骨
31	병용	81	休養	131	榮/盛
32	선주	82	流離	132	天/衣
33	동백	83	解說	133	烏/梨
34	섬서	84	寸土	134	雲/雨
35	고역	85	裁斷	135	焉/生
36	보옥	86	僧舞	136	貪/官
37	귀양	87	軟禁	137	魚/不
38	두보	88	告訴	138	遺/臭
39	과검	89	詐欺	139	德/有
40	기로	90	八	140	風樹之歎
41	부탁	91	冂	141	改過遷善
42	맹가	92	衣	142	苦盡甘來
43	요도	93	鬼	143	겸손하여받지않음
44	욱렬	94	豕	144	태깔이부드러움
45	임금 후	95	復禮	145	겉으로드러남
46	거리낄애	96	私慾	146	허깨비
47	피 직	97	指導	147	일에아주익숙함
48	물어줄배	98	位置	148	歯/柒
49	쑥 애	99	感化	149	称/耻
50	창 모	100	始發	150	镸/陰

모의고사문제정답

2급 제16회

1	흠준	51	구슬 선	101	汚染
2	요환	52	쪽 람	102	認識
3	포척	53	예쁠 요	103	根幹
4	비조	54	꿰맬 봉	104	(91)
5	질식	55	삼갈 욱	105	(96)
6	서권	56	시원할창	106	(97)
7	전역	57	깊을 황	107	(99)
8	자양	58	언덕 치	108	(101)
9	간균	59	암컷 자	109	미끄러질
10	편도	60	못 당	110	골
11	담연	61	옥빛 영	111	徒黨
12	정개	62	품팔 고	112	誦詠
13	여행	63	가야 야	113	遠島
14	도육	64	바다이름발	114	酌量
15	만맥	65	밝을 병	115	寶殿
16	괴연	66	여승 니	116	鈍
17	휘적	67	네모질릉	117	縮
18	비보	68	삼갈 비	118	緩
19	태환	69	큰 덕	119	怠
20	사죄	70	기쁠 이	120	緩
21	저억	71	즐길 탐	121	靜
22	섬안	72	한숨쉴희	122	斷
23	가엽	73	沒却	123	薄
24	후직	74	乾坤	124	盛
25	돈근	75	踏踐	125	淺
26	고고	76	脈絡	126	船
27	양찰	77	傲慢	127	越
28	삽가	78	冒險	128	末
29	먹득	79	屛風	129	細
30	비적	80	粟米	130	飢
31	변면	81	塞翁	131	勵
32	과갈	82	碧海	132	削
33	판천	83	隱忍	133	欺
34	유론	84	齊眉	134	賓
35	탁마	85	醉生	135	還
36	상서	86	鳥	136	偉辭
37	치미	87	隹	137	輕裝
38	장피	88	戈	138	霜菊
39	강부	89	雨	139	謀免
40	첨앙	90	皿	140	銅印
41	대관	91	享有	141	漸入佳境
42	선규	92	物質	142	易地思之
43	봉발	93	서구	143	畫蛇添足
44	벽양	94	傾倒	144	背恩忘德
45	선사	95	落後	145	取捨選擇
46	쌍옥 각	96	破損	146	拡
47	부추길사	97	세탁	147	担
48	아름다울휴	98	復舊	148	竜
49	빛날 빈	99	應分	149	湿
50	불빛 돈	100	甘受	150	粛

2급 제17회

1	난숙	51	허수아비괴	101	批判
2	정명	52	못 담	102	洪水
3	등록	53	오리 압	103	稀少
4	남획	54	불꽃 섭	104	옹호
5	양찰	55	엉길 응	105	超過
6	간곡	56	偏頗	106	投資
7	격려	57	誇示	107	매혹
8	섭렵	58	顧慮	108	貢獻
9	간담	59	恭敬	109	저해
10	소술	60	踏襲	110	遲滯
11	고용	61	封爵	111	侵奪
12	천례	62	跳躍	112	반출
13	연적	63	敦篤	113	包含
14	준걸	64	空欄	114	鑄造
15	우롱	65	鼓吹	115	乙亥
16	오류	66	播遷	116	金屬
17	마굴	67	亨通	117	印刷
18	무성	68	木	118	甲寅
19	팔일	69	女	119	癸未
20	간과	70	禾	120	挑戰
21	자혜	71	貝	121	豫防
22	정기	72	行	122	克服
23	초조	73	观	123	災殃
24	비감	74	竜	124	我執
25	갈등	75	联	125	傲慢
26	봉대	76	②	126	(나)
27	총민	77	④	127	(마)
28	섬세	78	⑧	128	(아)
29	납치	79	⑨	129	(타)
30	게재	80	⑩	130	(파)
31	주류	81	苦	131	賢君
32	탐락	82	吸/應	132	制止
33	상권	83	雄	133	從前
34	증정	84	假/僞	134	醜聞
35	규원	85	辱	135	遺志
36	기반	86	硬直	136	琴/相
37	익몰	87	建設	137	指/爲
38	단련	88	陳腐	138	朝/暮
39	애도	89	平等	139	抑/弱
40	나체	90	疏遠	140	魚/辨
41	못당	91	示威	141	妻/獄
42	이끌 야	92	主導	142	齒/車
43	세놓을세	93	嫌疑	143	顔/恥
44	더부살이교	94	拘束	144	編/絶
45	낚을 조	95	令狀	145	錢/善
46	고울 연	96	棄却	146	홀로
47	새집 소	97	卓越	147	제멋대로함
48	살 구	98	연주	148	새기고다듬음
49	언덕 강	99	開催	149	삼가고두려워함
50	기울 선	100	企劃	150	막혀 방해가 됨

2급 제18회

1	흠준	51	언덕 치	101	구
2	패권	52	학교 상	102	귀
3	치미	53	여울 단	103	터질
4	궁구	54	별이름묘	104	상
5	예천	55	옥 선	105	문서
6	돈목	56	자못 파	106	②
7	서조	57	칼날 인	107	③
8	방적	58	숫돌 려	108	①
9	활강	59	물이름렴	109	④
10	파산	60	언덕 강	110	①
11	탁마	61	낳을 만	111	邪鬼
12	첩보	62	새집 소	112	防腐
13	부연	63	올벼 직	113	微睡
14	금슬	64	벼루 연	114	審査
15	모순	65	꽂을 삽	115	運航
16	알봉	66	멀 료	116	罰
17	혹서	67	허수아비괴	117	勝
18	탐닉	68	대바구니롱	118	夕
19	초계	69	밝을 성	119	添
20	갱살	70	슬퍼할처	120	急
21	신장	71	띠 신	121	騰/登
22	저지	72	유황 류	122	卑
23	항룡	73	破壞	123	勤
24	용원	74	恥辱	124	醜
25	배상	75	崇仰	125	深
26	섬세	76	拙稿	126	壓
27	충적	77	排斥	127	踐
28	울적	78	貸借	128	慢
29	산하	79	債務	129	超
30	빙장	80	沿岸	130	端/銳
31	애도	81	鬪/狗	131	認
32	담약	82	轉/禍	132	餓
33	조대	83	盛/衰	133	詐
34	서량	84	學/案	134	客
35	분주	85	相/憐	135	徒
36	단성	86	鳥	136	獄城
37	농담	87	頁	137	逆命
38	관항	88	隹	138	浮遊
39	파종	89	阝	139	謝過
40	타당	90	貝	140	攻擊
41	벽향	91	周知	141	初/志
42	간태	92	山脈	142	復/禮
43	외포	93	固有語	143	塗/炭
44	차폐	94	절묘	144	塞/源
45	잠영	95	調和	145	換/骨
46	빛날 희	96	感覺語	146	哉
47	언덕 고	97	象徵語	147	塩
48	북두자루표	98	정밀	148	歡
49	추나라추	99	결함	149	麦
50	항풀 운	100	概念	150	獵

2급 제19회

1	난간	51	쑥 봉	101	暖房
2	요괴	52	상자 상	102	企業
3	규범	53	스승 부	103	機關
4	변강	54	선비 언	104	運營
5	귀추	55	향기 분	105	推進
6	모멸	56	경기 전	106	繼續
7	고용	57	도울 비	107	擔保
8	명과	58	기를 사	108	比率
9	과채	59	가마 부	109	調整
10	차관	60	불꽃 섭	110	被害
11	교포	61	도울 양	111	規模
12	구판	62	언덕 부	112	復舊
13	행단	63	찰 영	113	供給
14	마굴	64	막을 저	114	遲延
15	도굴	65	새 봉	115	刻薄
16	궐석	66	염탐할정	116	世態
17	기몽	67	새길 조	117	敦睦
18	기망	68	비적 비	118	降
19	간담	69	부추길사	119	玄/黑
20	정돈	70	머무를주	120	答/應
21	비도	71	높을 준	121	分/散/析
22	찬란	72	벨 참	122	鈍/緩/遲
23	감람	73	憤慨	123	洗鍊
24	납치	74	康寧	124	承諾
25	연옥	75	鈍器	125	縮小
26	농락	76	陰曆	126	飢餓
27	진료	77	綿密	127	興奮
28	만통	78	蛇/足	128	剛/健
29	매혹	79	唱/隨	129	康/安
30	탈모	80	此/彼	130	燥/天
31	화목	81	兆/蒼	131	巨/大
32	문란	82	株/兔	132	敬
33	상서	83	身/判	133	武裝
34	반이	84	擧/妄	134	授賞
35	배상	85	墨/黑	135	攻勢
36	재벌	86	高/丈	136	微雨
37	편벽	87	奔/走	137	築造
38	병촉	88	著名	138	노끈
39	보익	89	栗谷	139	고향소식
40	재봉	90	實際	140	손안에잡아쥠
41	녹봉	91	政治	141	티끌
42	부연	92	懸隔	142	기름진땅
43	비뇨	93	直視	143	盖
44	관사	94	改革	144	恋
45	신산	95	惡弊	145	芸
46	(5)	96	矯正	146	土
47	(6)	97	方策	147	力
48	(10)	98	上疏	148	++
49	(13)	99	開陳	149	齊
50	(19)	100	地域	150	止

2급 제20회

1	흡연	51	빠질 닉	101	晩
2	폐화	52	구덩이갱	102	喜
3	탁마	53	방패 순	103	閉
4	견인	54	품팔 용	104	勤
5	관항	55	뜻 지	105	卑
6	이뇨	56	불땔 취	106	絶/後
7	담액	57	온당할타	107	桑/田
8	남벌	58	펼포/가게포	108	難/鳴
9	망막	59	한숨쉴희	109	滅/私
10	애안	60	모질 학	110	齊/眉
11	신장	61	자못 파	111	逆命
12	요괴	62	조세 조	112	獄城
13	신산	63	망볼 초	113	懇誠
14	방적	64	태풍 태	114	獨吟
15	마취	65	막을 저	115	醜聞
16	사양	66	부를 빙	116	雨
17	소개	67	가늘 섬	117	鳥
18	과만	68	밥 찬	118	田
19	모멸	69	이끌 야	119	火
20	위암	70	겨우 근	120	目
21	진료	71	마룻대동	121	竜
22	난만	72	수레 량	122	傳
23	필연	73	③	123	乱
24	임부	74	①	124	巖
25	진념	75	②	125	庁
26	박래	76	④	126	樹藝
27	굴혈	77	②	127	迎接
28	충회	78	崇仰	128	仲媒
29	환롱	79	恥辱	129	蒼松
30	포복	80	竊盜	130	漂泊
31	창저	81	宣揚	131	浩汗
32	지분	82	辯論	132	懸河
33	탁송	83	應募	133	縮刷
34	비적	84	累積	134	拙稿
35	융점	85	渴症	135	幽魂
36	습윤	86	踏	136	加霜
37	봉침	87	抑	137	易地
38	울도	88	償	138	復禮
39	준위	89	返	139	刻舟
40	철사	90	黨/輩	140	書判
41	게재	91	祥	141	敦篤
42	규원	92	惡/忌	142	結草
43	유예	93	超	143	보
44	첨예	94	慢	144	숙
45	훈작	95	詐	145	별자리
46	부추길사	96	厚	146	수
47	옮길 반	97	淺	147	낫놓고ㄱ자도모름
48	낳을 만	98	緩	148	錦衣夜行
49	그르칠류	99	衰	149	資産
50	일 대	100	損	150	寶庫

2급 기출문제 [가]

1	탁선	51	일 대	101	過程
2	훼예	52	문지를마	102	향찰
3	견련	53	치우칠편	103	吏讀
4	도탄	54	모질 학	104	口訣
5	효포	55	띠 신	105	借用
6	익혹	56	헛보일환	106	憂慮
7	둔경	57	섭섭할감	107	頻發
8	엽조	58	저울대형	108	適切
9	매료	59	슬퍼할도	109	講究
10	유오	60	두려울포	110	遺物
11	모소	61	끌 랍	111	書庫
12	비도	62	잡을 파	112	表裏
13	울굴	63	업신여길멸	113	認識
14	부주	64	아이밸태	114	熱情
15	섬요	65	꿰맬 봉	115	大悟
16	신후	66	蔬菜	116	隱然
17	도약	67	終尾	117	排他的
18	응체	68	繼承	118	倒置形
19	진망	69	靈魂	119	言衆
20	초란	70	薄明	120	豫想
21	옹폐	71	急速	121	抽象化
22	체천	72	損傷	122	轉移
23	소술	73	返還	123	聲勢
24	조주	74	贊否	124	改裝
25	칠야	75	尖端	125	蒙死
26	타안	76	順逆	126	傍聽
27	파루	77	經典	127	糖度
28	규찰	78	相照	128	亠
29	등천	79	無患	129	戈
30	농조	80	滅裂	130	广
31	유산	81	花容	131	攵
32	막질	82	空前	132	魚
33	벽항	83	孤掌	133	湿
34	삽가	84	尊	134	芸
35	용빙	85	暖	135	担
36	진구	86	假/僞	136	拡
37	융화	87	喜	137	麦
38	초계	88	衰	138	②
39	혹사	89	怠	139	①
40	취탕	90	輕	140	②
41	협만	91	濁	141	釋敎
42	탄망	92	鈍	142	堂狗
43	활강	93	睡	143	秀傑
44	저억	94	濯	144	賦拂
45	지교	95	勵	145	弔喪
46	굴대 축	96	傲	146	破邪顯正
47	드리울수	97	綱	147	指鹿爲馬
48	잡을 체	98	詠	148	進退兩難
49	이끌 야	99	謹	149	克己復禮
50	드릴 정	100	育	150	烏飛梨落

기출예상문제정답

2급 기출문제 [나]					
1	찰나	51	기울 선	101	漸次
2	기린	52	펼 부	102	衰殘
3	돈목	53	뚫을 찬	103	士禍
4	마취	54	문벌 벌	104	斷念
5	뇌막	55	궁벽할벽	105	沒頭
6	난간	56	길쌈 방	106	傾向
7	초려	57	배 박	107	훈구
8	체결	58	모자 모	108	彈壓
9	견도	59	빛날 희	109	병합
10	면려	60	목구멍후	110	專橫
11	면복	61	골짜기협	111	貪官
12	유산	62	시위 현	112	汚吏
13	삽화	63	부끄러울참	113	모멸
14	환멸	64	던질 포	114	혹독
15	희희	65	으뜸 패	115	掠奪
16	휘장	66	부탁할탁	116	退溪
17	오류	67	불땔 취	117	莊重
18	예맥	68	달아날추	118	洞察
19	준담	69	空/拳	119	傲慢
20	간담	70	矯/殺	120	嚴格
21	돈덕	71	曲/徑	121	簡潔
22	흠모	72	歲/松	122	苟且
23	모순	73	鼓/琴	123	恥辱
24	승규	74	瓦/鳴	124	處罰
25	공포	75	俱/天	125	憲法
26	해고	76	門/畓	126	附與
27	행단	77	昏/晨	127	侵害
28	탐닉	78	左/顧	128	裁判
29	태환	79	和睦	129	救濟
30	황요	80	削減/削除	130	逮捕
31	요괴	81	拙劣	131	拘置
32	농락	82	柔弱/優柔	132	追放
33	부란	83	需要	133	鎭靜
34	분형	84	非難/責望	134	蓋覆
35	호교	85	飽食	135	砲臺
36	호발	86	遲鈍	136	植栽
37	반이	87	獲得/取得	137	誘致
38	기축	88	乾燥	138	丨
39	기원	89	⑧	139	月(肉)
40	융창	90	④	140	尸
41	처참	91	①	141	鳥
42	도울 보	92	⑤	142	刀(刂)
43	막을 저	93	③	143	弃
44	물을 자	94	②	144	摂
45	녹을 용	95	①	145	辞
46	오동 오	96	②	146	깊숙히 가둠
47	싫을 염	97	①	147	별빛 광채
48	줠 악	98	④	148	성과 요새
49	거리낌애	99	栗谷	149	초하루와 보름
50	세놓을세	100	興盛	150	얼굴생김새

2급 기출문제 [다]					
1	혹서	51	뛰어날걸	101	貯藏
2	강부	52	새집 소	102	叛徒
3	경옥	53	기쁠 이	103	推薦
4	포기	54	줄춤 일	104	敬畏
5	조윤	55	뚫을 찬	105	誦經
6	척영	56	여울 탄	106	巾
7	인필	57	살구 행	107	又
8	형주	58	어찌 언	108	手(扌)
9	섬라	59	찾을 심	109	二
10	간태	60	둘 조	110	疋
11	경비	61	도울 필	111	楼
12	등사	62	작을 편	112	釈
13	은계	63	높을 항	113	亀
14	궁계	64	별이름묘	114	誉
15	관천	65	뗏목 벌	115	窃
16	승계	66	驅逐	116	拡
17	복욱	67	校訂	117	触
18	옹치	68	懇誠	118	県
19	직화	69	沒却	119	②
20	견종	70	塗布	120	④
21	탐습	71	掠奪	121	①
22	포척	72	乳臭	122	③
23	미만	73	枕邊	123	④
24	고용	74	譜錄	124	弔慰
25	두구	75	堤防	125	携帶
26	영록	76	販促	126	冒頭
27	괴교	77	慶賀	127	昔時
28	민천	78	衰	128	遍歷
29	창려	79	緩	129	克己復禮
30	왕망	80	怠	130	晴耕雨讀
31	면앙	81	浮	131	脣亡齒寒
32	당지	82	薄	132	日暮途遠
33	모사	83	送	133	緣木求魚
34	요전	84	醜	134	연면
35	고고	85	貴	135	確認
36	전역	86	逆	136	無條件
37	예모	87	慢	137	배척
38	양봉	88	謹	138	省察
39	호휴	89	匹/偶/分	139	契機
40	회진	90	末/極/尖	140	調和
41	준담	91	還	141	微細
42	여장	92	恐	142	辨別
43	유월	93	濯	143	智慧
44	권면	94	選	144	交替
45	척방	95	飾	145	倒置
46	저울눈수	96	相/照	146	共存
47	구덩이갱	97	昏/睡	147	言衆
48	산이름륜	98	碧/海	148	選好
49	밝을 병	99	破/邪	149	消滅
50	무궁화근	100	紅/裳	150	頻度

2급 기출문제 [라]					
1	양산	51	옥 선	101	關聯
2	교칠	52	망볼 초	102	某側
3	상롱	53	불꽃 섭	103	押收
4	기몽	54	클 석	104	搜索
5	기로	55	헛보일환	105	衝擊
6	탐닉	56	두꺼비섬	106	波及
7	교사	57	염탐할첩	107	憂慮
8	돈덕	58	태풍 태	108	鐵鋼
9	운각	59	기울 선	109	陰謀
10	비뇨	60	빛날 희	110	依賴
11	상서	61	涉	111	眞僞
12	애도	62	携	112	內需
13	능엄	63	衡	113	販賣
14	약탈	64	怠	114	克服
15	결막	65	抄	115	賃金
16	사부	66	只	116	抑制
17	망구	67	互	117	垂範
18	삭발	68	煩	118	卑俗
19	미간	69	惱	119	逆調/亂調
20	궁구	70	那	120	過激
21	창민	71	輝	121	加熱
22	모멸	72	忌	122	遲鈍
23	마취	73	①	123	閑暇
24	병축	74	③	124	傲慢
25	항만	75	③	125	拙劣
26	미봉	76	④	126	疏遠
27	삽화	77	②	127	拾得
28	연옥	78	자못 많음	128	寧/健
29	명석	79	포개 쌓음	129	育
30	봉린	80	목이 마름	130	免
31	저상	81	영토/지경	131	薄
32	분만	82	부축하여 보호함	132	塞
33	규수	83	竹	133	弱冠
34	기원	84	厂	134	旗手
35	매혹	85	隶	135	堅忍
36	농축	86	冂	136	火木
37	배상	87	卩	137	兵器
38	봉록	88	招募	138	勞/思
39	단련	89	鼓吹	139	抱/倒
40	부연	90	振興	140	肝/照
41	납치	91	卓越	141	羊/狗
42	교포	92	淡白	142	朝/暮
43	보필	93	流暢	143	唯/獨
44	근역	94	容貌	144	枯/衰
45	과채	95	氣槪	145	鹿/馬
46	주석 석	96	糾彈	146	俱/天
47	빛날 형	97	排斥	147	程/萬
48	가늘 섬	98	敍用	148	継
49	공경할흠	99	飢餓	149	宝
50	모질 학	100	粉飾	150	触

초판일자 : 2015년 6월 20일 발행일자 : 2015년 6월 25일

80. 지방으로 파견 근무를 나가게 되었다.( )
81. 갑작스런 공장 폐쇄 소문이 나돌았다.( )
82. 과식은 비만을 초래하니 주의를 해야 한다. ( )
83. 규정된 교육과정을 이수하고 수료증을 받았다. ( )
84. 관중들의 뜨거운 응원에 선수들이 매우 고무되었다. ( )
85. 농수산물 개방에 신축적으로 대응해야 한다. ( )
86. 여야가 한 치의 양보도 없이 첨예하게 대립하고 있다. ( )
87. 내년에는 교통시설이 확충될 전망이다. ( )
88. 메스미디어의 발달은 문화적 풍요를 제공해 주었다. ( )
89. 책의 말미에 있는 연표와 색인이 독자의 이해를 도왔다. ( )
90. 심한 악취를 풍기는 쓰레기를 시급히 처리했다. ( )
91. 그녀는 어릴 때부터 총명하고 재주가 뛰어났다. ( )
92. 동파 방지를 위해 낡은 수도관을 새것으로 교체하였다. ( )
93. 김소월의 시를 여러 편 암송해 주변을 놀라게 했다. ( )
94. 환경오염으로 인한 재앙을 막으려면 자연을 보호해야 한다. ( )
95. 작가는 서문에 책을 쓰게 된 경위를 서술해 놓았다. ( )
96. 회사는 순직한 사원에게 충분한 보상을 해 주기로 하였다. ( )
97. 건물 붕괴 사고는 부실공사가 큰 원인이라 할 수 있다. ( )
98. 그는 신앙심이 매우 돈독한 사람이다. ( )
99. 기술의 세계화를 위한 도약의 발판을 마련하였다. ( )
100. 대입 수험생의 재수 기피 현상이 두드러지고 있다. ( )
101. 시급한 법률이라도 졸속으로 제정해서는 안 된다. ( )
102. 대두의 단백질을 응고시켜 두부를 만든다.( )
103. 일부 관광객들의 추태가 크게 보도되었다. ( )
104. 문화는 중심부에서 주변부로 전파되는 것이 일반적이다. ( )
105. 조난 선원들이 바다를 표류하다가 간신히 육지에 올랐다. ( )
106. 빈부 격차를 완화하고자 하는 정책이 수립되었다. ( )
107. 그는 자신이 본 것을 과장하여 말하는 버릇이 있다. ( )

※다음 ( )안에 밑줄 친 漢字와 뜻이 같거나 비슷한 漢字[正字]를 써 넣어 어울리는 單語를 완성하시오.

108. 환웅과 웅녀가 婚(　　　)하여 단군왕검을 낳았다.
109. 국내 지역 번호가 아닌 경우 전화 詐(　　　)일 가능성이 높다.
110. 석유 에너지의 (　　　)渴에 대한 대책이 시급하다.
111. 가정의 화평을 위해서는 부부간의 忍(　　　)가 필요하다.
112. 예로부터 백호는 (　　　)瑞로운 짐승이었다.

※다음 한자와 뜻이 反對 또는 相對되는 漢字[正字]를 ( )속에 적어 漢字語를 완성하시오.

113. (　　　) - 坤　114. 榮 - (　　　)
115. 貴 - (　　　)　116. (　　　) - 略
117. 濃 - (　　　)

※다음 漢字語의 反義語 또는 相對語를 漢字[正字]로 쓰시오.

118. 高雅-(　　　)　119. 和解-(　　　)
120. 獨創-(　　　)　121. 相逢-(　　　)
122. 具體-(　　　)

※다음 ( )안에 알맞은 漢字[正字]를 써넣어 四字成語를 완성하시오.

123. 滄海一(　　) : 큰 물건 속에 있는 아주 작은 물건.
124. 縱(　　)無盡 : 자유자재로 행동하여 거침이 없음.
125. 烏飛(　　)落 : 일이 공교롭게 같이 일어나 남의 의심을 삼.
126. 表(　　)不同 : 겉과 속이 다름.
127. 權(　　)術數 : 남을 교묘히 속이는 술책.
128. 深思(　　)考 : 깊이 생각하고 곰곰이 생각함.
129. (　　)上添花 : 좋은 일이 겹침.
130. 孤軍(　　)鬪 : 홀로 여럿을 상대로 하여 싸움.
131. 面從(　　)背 : 겉으로는 복종하면서도 속으로는 배반함.
132. 改過(　　)善 : 잘못을 고치고 착하게 됨.

※다음 漢字語의 同音異義語를 漢字[正字]로 쓰되, 제시된 뜻에 맞추시오.

133. 初喪 : (　　　) 사진이나 그림에 나타낸 사람의 얼굴이나 모습.
134. 但書 : (　　　) 어떤 문제를 해결하기 위한 실마리.
135. 浮遊 : (　　　) 재물이 넉넉함.
136. 冠禮 : (　　　) 앞선 사례가 관습으로 굳어진 것.
137. 蜜蜂 : (　　　) 단단히 붙여 꼭 봉함.

※다음 漢字語의 뜻을 간단히 쓰시오.

138. 閨秀 : (　　　)
139. 補闕 : (　　　)
140. 哀悼 : (　　　)
141. 誤謬 : (　　　)
142. 遮斷 : (　　　)

※다음 漢字의 部首를 쓰시오.

143. 扈 (　　)　144. 袁 (　　)　145. 丕 (　　)
146. 歪 (　　)　147. 升 (　　)

※다음 漢字를 널리 통용되는 略字로 바꾸어 쓰시오.

148. 竊 (　　)　149. 巖 (　　)　150. 戀 (　　)

성명 [ ]

第79回 한자능력검정시험 2級

2017. 11. 25 시행 (시험시간 : 60분) 한국어문회주관 · 한국한자능력검정회시행

※다음 밑줄 친 漢字語의 讀音을 쓰시오.

1. 새로운 시대는 斬新한 아이디어가 세상을 이끌 것이다. ( )
2. 올림픽공원에는 여러 나라의 국기가 揭揚되어 있었다. ( )
3. 개혁가는 현재의 불합리와 矛盾에 과감히 도전한다. ( )
4. 일기나 편지는 수필의 範疇에 속한다. ( )
5. 정부는 국정 전반에 개혁을 위한 措置를 즉시 단행하였다. ( )
6. 손님이 자리를 떠나자 鄭重하게 배웅했다. ( )
7. 사업 자금을 은행에서 장기 저리로 融資 받았다. ( )
8. 경비절감과 환경보호의 趣旨로 이면지 활용을 권장한다. ( )
9. 아동 虐待 방지를 위한 법 개정이 신중하게 검토되고 있다. ( )
10. 온갖 힘든 시련이 그를 굳세게 鍛鍊시켜 놓았다. ( )
11. 설계도면에 따라 강철을 잘라 鎔接해 구조물을 만들었다. ( )
12. 닥쳐온 시험 때문에 焦燥하여 신경이 날카로워졌다. ( )
13. 사태에 대하여 흥분하지 말고 穩健하게 대처하도록 하자. ( )
14. 수술을 위해 환자를 痲醉하는 작업부터 시작했다. ( )
15. 두 계파의 상이한 의견을 折衷해 새로운 제도를 만들었다. ( )
16. 전세가 불리하자 군대의 撤收를 결정했다. ( )
17. 그 의사는 일요일마다 장애인 대상의 무료 診療 활동을 계속 해 왔다. ( )
18. 한겨울 酷寒의 바람에도 외투를 입지 않았다. ( )
19. 퇴직금 전액을 은행에 豫託해 두었다. ( )
20. 저작권 침해로 惹起되는 문제점들을 하나씩 검토해 보아야 한다. ( )

※다음 漢字語의 讀音을 쓰시오.

21. 皐蘭 ( ) 22. 蠻貊 ( )
23. 纖細 ( ) 24. 閻羅 ( )
25. 伽藍 ( ) 26. 奎章 ( )
27. 刹那 ( ) 28. 腎臟 ( )
29. 被拉 ( ) 30. 敷衍 ( )
31. 財閥 ( ) 32. 廬幕 ( )
33. 膠漆 ( ) 34. 畿甸 ( )
35. 滑降 ( ) 36. 制覇 ( )
37. 扁額 ( ) 38. 鬱憤 ( )
39. 謹呈 ( ) 40. 欽慕 ( )
41. 蓮塘 ( ) 42. 棋譜 ( )
43. 蘆笛 ( ) 44. 欄干 ( )
45. 炭坑 ( )

※다음 漢字의 訓과 音을 쓰시오.

46. 炅 ( ) 47. 庠 ( )
48. 裸 ( ) 49. 雉 ( )
50. 馥 ( ) 51. 繩 ( )
52. 戴 ( ) 53. 雇 ( )
54. 峽 ( ) 55. 諜 ( )
56. 酸 ( ) 57. 磁 ( )
58. 兢 ( ) 59. 穆 ( )
60. 鴨 ( ) 61. 峴 ( )
62. 鷹 ( ) 63. 巢 ( )
64. 旌 ( ) 65. 允 ( )
66. 睿 ( ) 67. 謄 ( )
68. 彬 ( ) 69. 熊 ( )
70. 陟 ( ) 71. 鋪 ( )
72. 鼎 ( )

※다음 漢字語 중 첫 音節이 길게 발음되는 것을 골라 그 번호를 쓰시오.

73. ( ) : ①付處 ②夫妻
74. ( ) : ①聯珠 ②演奏
75. ( ) : ①朝使 ②照査
76. ( ) : ①懸金 ②玄琴
77. ( ) : ①姦婦 ②幹部

※다음 문장에서 밑줄 친 漢字語를 漢字[正字]로 쓰시오.

78. 상대방의 잘못을 관용할 수 있는 태도가 필요하다. ( )
79. 민주시민은 자발적인 준법정신을 가져야 한다. ( )